Miteinander hoffen

Biblische Texte,
Gebete und Betrachtungen

D1730370

Waldemar Wolf / Renate Spennhoff
(Herausgeber)

Miteinander hoffen

Biblische Texte, Gebete und Betrachtungen

Aussaat Verlag, Neukirchen-Vluyn
Verlag Katholisches Bibelwerk GmbH, Stuttgart

Im Auftrag der
Arbeitsgemeinschaft Missionarische Dienste
in Zusammenarbeit mit dem Katholischen Bibelwerk e.V.

© 1995 Aussaat Verlag GmbH, Neukirchen-Vluyn
und Verlag Katholisches Bibelwerk GmbH, Stuttgart
Druck: Ebner Ulm
Printed in Germany
ISBN: 3-7615-4899-0 (Aussaat Verlag)
       3-460-31631-4 (Verlag Katholisches Bibelwerk)

Inhalt

„Es ist die Hoffnung, die den Schiffbrüchigen mitten im Meer veranlaßt, mit seinen Armen zu rudern, obwohl kein Land in Sicht ist." Dieser Satz stammt von dem römischen Schriftsteller Ovid. Ein anderer, Martin Luther, soll gesagt haben, er würde noch heute ein Apfelbäumchen pflanzen, selbst wenn er wüßte, daß morgen die Welt unterginge.

Was heißt hoffen? Wer hofft, wünscht und erwartet, daß sich in der Zukunft etwas zum Guten wendet. Die Hoffnungen der Menschen richten sich auf Gerechtigkeit und auf Frieden, darauf, daß die Zerstörung der Schöpfung ein Ende nimmt und die Menschen in Würde miteinander leben können.

Von einer solchen Welt sind wir weit entfernt. Die meisten Menschen haben wenig Grund zu hoffen, und Durchhalteparolen helfen ihnen nicht, aus Hoffnungslosigkeit und Verzweiflung herauszukommen. Sie brauchen Menschen, die mit ihnen und für sie hoffen, die Mut machen, trösten und für ein besseres Leben kämpfen.

Daß Hoffnung nicht sinnlos ist, zeigt die jüngste Geschichte: Fall der Mauer in Deutschland, freie Wahlen in Südafrika, Versöhnungsschritte zwischen Israelis und Palästinensern. Solche Erfahrungen lassen weiter hoffen.

Die kurzen Texte, Gebete und Betrachtungen – wieder der Heftreihe „Für jeden neuen Tag" entnommen – sollen Leserinnen und Leser zum Hoffen verlocken:
– auf Gerechtigkeit für Gedemütigte und Unterdrückte;
– auf Frieden für Bosnien, Tschetschenien, Sri Lanka, Somalia, Ruanda und alle Regionen unserer Erde;
– auf ein Ende von Zerstörung und Ausbeutung der Schöpfung;
– auf die Verwirklichung eines menschenwürdigen Lebens für die Völker der Erde;
– auf eine Zukunft, in der alle Menschen bekommen, was sie zum Leben brauchen.

Der brasilianische Bischof Helder Camara hat einmal gesagt: „Wenn einer alleine träumt, ist es nur ein Traum. Wenn viele gemeinsam träumen, so ist das der Beginn einer neuen Wirklichkeit." Das gilt auch für das Hoffen.

Gerechtigkeit leben

Hoffen

Hoffen heißt, an das Abenteuer der Liebe glauben
und Vertrauen zu den Menschen haben.

Helder Camara

Noch einmal sprechen
von der Wärme des Lebens
damit doch einige wissen:
Es ist nicht warm
aber es könnte warm sein
Bevor ich sterbe
noch einmal sprechen
von Liebe
damit doch einige sagen:
Das gab es
das muß es geben
Noch einmal sprechen
vom Glück der Hoffnung auf Glück
damit doch einige fragen:
Was war das
wann kommt es wieder?

Erich Fried

Liebe Mutter, du hast mich hoffen gelehrt, wie du in schweren Stunden gehofft hast. Aber das Leben hat diese mysti-
sche Hoffnung in mir getötet.
Ich hoffe nicht mehr,
ich bin derjenige, auf den man hofft.

Agostino Neto

10

Und ob das Ziel, das hohe, entwichen scheint und fern:
Es kommt der Tag, der frohe. Wir trauen unserm Stern.
Die Gegenwart mag trügen, die Zukunft bleibt uns treu.
Ob Hoffnungen verfliegen, sie wachsen immer neu.
Aus Nichts wird alles werden, eh sie es noch gedacht,
trotz ihrer Machtgebärden. Wir spotten ihrer Macht.

Karl Liebknecht

Hoffen Sie angesichts der Weltlage: auf Vernunft, auf ein
Wunder, daß es weitergeht wie bisher?

Max Frisch

In der Nähe des Schaftors in Jerusalem liegt der Teich Be-
thesda, wie er auf hebräisch genannt wird. Er ist von fünf
Säulenhallen umgeben. Viele Kranke, Blinde, Gelähmte und
Gebrechliche lagen dort und warteten darauf, daß sich die
Wellen auf dem Wasser zeigten. Von Zeit zu Zeit bewegte
nämlich ein Engel Gottes das Wasser. Wer dann als erster in
den Teich kam, der wurde gesund; ganz gleich, welches Leiden er hatte.
Einer von den Menschen, die dort lagen, war schon seit
achtunddreißig Jahren krank. Als Jesus ihn sah und hörte,
daß er schon so lange an seiner Krankheit litt, fragte er ihn:
„Willst du gesund werden?" „Ach Herr", entgegnete der
Kranke, „ich habe niemanden, der mir in den Teich hilft,
wenn sich das Wasser bewegt. Versuche ich es aber allein,
komme ich immer zu spät." Da forderte ihn Jesus auf: „Steh
auf, rolle deine Matte zusammen und geh!" In demselben
Augenblick war der Mann geheilt.

Johannes 5,2–9

Suchen

Ich suchte meinen Gott, und er entzog sich mir.
Ich suchte meine Seele, und ich fand sie nicht.
Ich suchte meinen Bruder, und ich fand alle drei.

Worauf sollen wir hören, sag worauf?
So viele Geräusche, welches ist wichtig?
So viele Beweise, welcher ist richtig?
So viele Reden, ein Wort ist wahr.

Wohin sollen wir gehen, sag wohin?
So viele Termine, welcher ist wichtig?
So viele Parolen, welche ist richtig?
So viele Straßen, ein Weg ist wahr.

Wofür sollen wir leben, sag wofür?
So viele Gedanken, welcher ist wichtig?
So viele Programme, welches ist richtig?
So viele Probleme, die Liebe zählt.

Lothar Zenetti

Unter einer Straßenlaterne steht ein Betrunkener und sucht und sucht. Ein Polizist kommt daher, fragt ihn, was er verloren habe, und der Mann antwortet: „Meinen Schlüssel". Nun suchen beide. Schließlich will der Polizist wissen, ob der Mann sicher ist, den Schlüssel gerade hier verloren zu haben, und jener antwortet: „Nein, nicht hier, sondern dort hinten – aber dort ist es viel zu finster."

Seid also unbesorgt und fragt nicht unentwegt wie die Heiden: Was sollen wir essen? Was sollen wir trinken? Was sollen wir anziehen? Euer himmlischer Vater weiß ja, daß ihr dies alles braucht. Darum schaut zuerst auf sein Reich, sucht seine Gerechtigkeit: Dann wird er euch Essen und Trinken und Kleidung als Zugabe geben. Denkt nicht an morgen, morgen sorgt für sich selbst, jeder Tag hat genug mit der eigenen Last.

Matthäus 6,31–34

Es gibt Menschen, die ohne Metaphysik oder,
um es deutlicher zu sagen, ohne Gott
nicht auskommen können.
Sie verlangen nichts von ihm
und stellen ihn nicht zur Rede,
eine sinnliche Vorstellung (alter Vater)
haben sie schon lange nicht mehr.
Sie suchen ihn nicht in der Kirche,
aber auch nicht im Wald.
Am ehesten noch in den Augen der Mitmenschen.
Auch in den Augen derer, die ihn leugnen?
Gerade in diesen, ja.

Marie Luise Kaschnitz

Halt ein! Wo läufst du hin? Der Himmel ist in dir.
Suchst du Gott anderswo, du fehlst ihn für und für.

Angelus Silesius

Lernen

Worauf es ankommt, ist nicht ein Mehr an Informationen, sondern eine Veränderung unserer Wahrnehmung dessen, was hier und jetzt vor uns liegt.

Was Lernen, Veränderung und Bekehrung möglich macht, das ist nicht allein die Aufdeckung des bisherigen Elends, sondern die Erwartung eines bisher noch nicht eingelösten Versprechens von Glück.

Fulbert Steffensky

Sieh deine Ansichten und sieh: Sie sind alt.
Erinnere dich, wie gut sie einst waren!
Jetzt betrachte sie nicht mit deinem Herzen,
sondern kalt und sage: Sie sind alt.
Komm mit mir nach Georgia.
Dort, wirst du sehn, gibt es neue Ideen.
Und wenn die Ideen wieder alt aussehn,
dann bleiben wir nicht mehr da.

Bertolt Brecht

Da stand ein Gesetzeslehrer auf, und um Jesus auf die Probe zu stellen, fragte er ihn: Meister, was muß ich tun, um das ewige Leben zu gewinnen? Jesus sagte zu ihm: Was steht im Gesetz? Was liest du dort? Er antwortete: Du sollst den Herrn, deinen Gott, lieben mit ganzem Herzen und ganzer Seele, mit all deiner Kraft und all deinen Gedanken, und: Deinen Nächsten sollst du lieben wie dich selbst. Jesus sagte zu ihm: Du hast richtig geantwortet. Handle danach, und du wirst leben.

Lukas 10,25–28

Wer fremdes Gut begehrt, verliert sein eignes.
Ein Hund trug ein Stück Fleisch durch einen Fluß; der Wasserspiegel zeigte ihm sein Bild. Da schwimmt ein anderer Hund mit Beute, glaubt er, und will sie schnappen. Doch – betrogne Gier! – der eigne Bissen glitt ihm aus dem Maul, und der begehrte war erst recht dahin.

Äsop

Durch Zusehen lernte ich:
Von einer Bäuerin auf dem Markt in Sarajewo,
einen haltbaren Knoten zu machen.
Von einem Papua im Dokumentarfilm,
bequem auf den Fersen zu hocken.
Von meiner Mutter, als ich Hausaufgaben machen mußte,
wie man einen Faden
zwischen den angefeuchteten Fingern dreht,
daß er durchs Öhr geht.
Von einem Somalihirten im Fernsehn,
auf einem Bein zu stehn.
Von meinem Vater,
wie man mit dem ganzen Gesicht gähnt.
Von einem Gattenmörder im Untersuchungsgefängnis,
wie und warum man sich täglich
am ganzen Körper wäscht.
Alles, was ich durch Zusehn
gelernt habe,
ist mir nützlich geblieben.
Aber durch Mitmachen
habe ich mehr gelernt.

Heinz Kahlau

Urteilen

Urteile nicht über einen anderen Menschen,
bevor du nicht einen halben Mond
in seinen Mokassins gegangen bist.

Indianische Weisheit

Es gab Regeln im Kloster, aber der Meister rief immer zur
Vorsicht gegenüber der Tyrannei des Gesetzes auf. „Gehorsam hält die Regeln ein", pflegte er zu sagen, „Liebe weiß,
wann sie zu brechen sind."

Anthony de Mello

Dem Herrn mißfiel, was David getan hatte. Er sandte den
Propheten Natan zu ihm. Natan ging zum König und sagte:
„Ich muß einen Rechtsfall vortragen: Zwei Männer lebten in
derselben Stadt. Der eine war reich, der andere arm. Der
Reiche besaß viele Schafe und Rinder. Der Arme hatte nur
ein einziges Lamm. Er hatte es sich gekauft und zog es zu-
sammen mit seinen eigenen Kindern auf. Es aß von seinem
Teller, trank aus seinem Becher und schlief in seinem Schoß.
Er hielt es wie eine Tochter. Eines Tages bekam der reiche
Mann Besuch. Er wollte keines von seinen eigenen Schafen
oder Rindern für seinen Gast hergeben. Darum nahm er dem
Armen das Lamm weg und setzte es seinem Gast vor."
Vom Zorn gepackt fuhr David auf und rief: „So gewiß der
Herr lebt: Dieser Mann muß sterben! Das Lamm muß er vier-
fach ersetzen. Wie konnte er so etwas Gemeines tun!"
„Du bist dieser Mann!" sagte Natan.

2. Samuel 12,1–7

16

Anfang dieses Jahres war ich einen Monat in Deutschland; auch dort verging kein Tag, ohne daß ich urteilte, bald so, bald anders, es reißt einen hin und her, und was alles noch mühsamer macht: Man macht sich Vorwürfe, daß man überhaupt urteilt. Und ich meine das ganz allgemein; irgendwie ist man immer ein Ausländer. Wie können wir über eine Frau urteilen, da wir niemals ein Kind gebären werden? Wie können wir über einen Vater urteilen, dessen Lebensalter wir noch nicht erfahren haben? Wie können wir überhaupt urteilen über einen Menschen, der immer ein andrer sein wird? Jedes Urteil bleibt eine Anmaßung.

Max Frisch

Ein Arbeiter wurde vor Gericht gefragt, ob er die weltliche oder die kirchliche Form des Eides benutzen wolle.
Er antwortete: „Ich bin arbeitslos."
„Dies war nicht nur Zerstreutheit", sagte Herr K. „Durch diese Antwort gab er zu erkennen, daß er sich in einer Lage befand, wo solche Fragen, ja vielleicht das ganze Gerichtsverfahren als solches, keinen Sinn mehr haben."

Bertolt Brecht

Beschneide du deinen Buchsbaum, wie du willst, und pflanze deine Blumen nach dir verständlichen Schattierungen, aber beurteile nicht den Garten der Natur nach deinem Blumengärtchen.

Georg Christoph Lichtenberg

Schulden

Schon im Diesseits müssen wir Rechenschaft ablegen,
all denen, die wir lieben.

Albert Camus

Ich hätt gern
einen Blumenstrauß
für meine Frau.
Soll was vorstellen,
soll was Besseres sein,
mit'm bißchen Grün,
so bis
fuffzehn Mark.

Harald Hurst

Klebe mir, Gott, den Mund nicht zu mit Ausflucht oder mit
kindischem Trotzen, öffne, der du die Stammelnden liebst,
ihn der geläufigen Rechtfertigung nicht, laß mich sagen unter
allen, die schuldlos sich wähnen, die Gründe haben, die hinter den Argumenten wie hinter Liguster, der ständig nach-
wächst, dreist sich verstecken, laß mich, ausgesetzt dem
Gezeter, den zeigefingrigen Pfeilen, auch wo ich sie fürchte,
heraustreten aus dem Gestrüpp, laß mich nicht sagen: Gesellschaft, nicht: Vater und Mutter, nicht: Verführung – laß
mich, wohl wissend, dies alles zu bedenken, laß mich sagen,
Gott:
Ich bin schuld.

Rudolf Otto Wiemer

Aufzustellen wäre das Schuldregister.
Schuld unsere erste: Blindheit –
wir übersahen das Kommende.
Schuld unsere zweite: Taubheit –
wir überhörten die Warnung.
Schuld unsere dritte: Stummheit –
wir verschwiegen, was gesagt werden mußte.
Warum?
Wir wollten uns nicht verlieren.

Marie Luise Kaschnitz

Was ich beging, das läßt sich nicht sühnen.
Man schätzt den Klugen, man preist den Kühnen.
Allein das Herz, das Herz in der Brust
ist sich unendlicher Schuld bewußt.

Erich Mühsam

Der König wird sagen: „Ich hatte Hunger, und keiner von
euch gab mir zu essen. Ich hatte Durst, doch niemand gab
mir zu trinken. Ich war heimatlos, aber die Tür eures Hauses
blieb für mich verschlossen. Ich hatte keine Kleider – ihr ließet
mich nackt sein. Ich war krank: Habt ihr mich versorgt? Ich
war im Gefängnis: Habt ihr mich besucht?"
Dann werden sie sagen: „Hungrig, durstig, heimatlos, krank,
im Gefängnis? Wann hätten wir dich je so gesehen und dir
nicht geholfen?", und er wird ihnen antworten: „Ich sage
euch, und das ist wahr: Hier! Schaut die armen Leute an!
Was ihr für sie nicht getan habt, das habt ihr auch für mich
nicht getan."

Matthäus 25,41–45

Verteilen

Alles, was du nicht verteilen willst, besitzt dich.

André Gide

Alle Christen waren ein Herz und eine Seele. Niemand betrachtete sein Eigentum als privaten Besitz, sondern alles gehörte ihnen gemeinsam. Mit großer Überzeugungskraft berichteten die Apostel von der Auferstehung Jesu, und alle erlebten Gottes Güte. Niemandem in der Gemeinde fehlte etwas; denn wer Häuser oder Äcker besaß, verkaufte seinen Besitz. Das Geld wurde von den Aposteln an die Bedürftigen weitergegeben.

Apostelgeschichte 4,32–35

haben
und teilen

wenig haben
austeilen

weniger haben
mehr austeilen

nichts haben
viel austeilen

in der wüste
die lustige
wirtschaft

wo das wort
zum wirte
geworden

bis alles verteilt
und alle gehabt

Kurt Marti

Vor mehreren Wochen hörte ich von einer Familie, die schon seit einigen Tagen nichts mehr zu essen hatte; es war eine Hindu-Familie. So nahm ich etwas Reis und suchte sie auf. Ehe ich mich versah, hatte die Mutter den Reis in zwei Hälften geteilt und die eine Hälfte der Nachbarfamilie an die nächste Tür gebracht, wo Muslime wohnten. Daraufhin fragte ich sie: „Wieviel wird denn noch für euch alle bleiben? Ihr seid zu zehnt für dieses bißchen Reis." Die Mutter antwortete: „Sie haben auch nichts zu essen."

Die Sozialisten in Minsk baten Rabbi Elieser Rabinowitz, sie bei ihrer Arbeit zu unterstützen. Der Rabbi sagte: „Ich will gern helfen, eure Idee zu verwirklichen. Wir werden uns die Arbeit teilen. Ihr werdet die Reichen überreden, daß sie geben, und ich die Armen, daß sie nehmen."

Die Sorge um mein tägliches Brot ist eine materielle Frage. Die Sorge um das Brot meines Bruders ist eine geistliche Frage.

Nikolaus Berdjajew

Mein Vater, gib mir heute mein täglich Brot.
Das tägliche Brot allein ist nicht genug.
Gib mir auch ein Herz,
das zufrieden ist mit dem, was du mir in deiner Liebe
gegeben hast und gibst.
Mehr als das: Willst du mir nicht
neue Hände geben,
die das tägliche Brot brechen und austeilen
unter die, die nichts zu essen haben?

Mitleiden

Es lohnt sich, etwas Schweres auf sich zu nehmen,
wenn man es dadurch einem Menschen leichter machen
kann.

Stefan Zweig

Wenn mir mal ein Malheur passiert,
ich weiß, so bist du sehr gerührt,
du denkst, es wäre doch fatal,
passierte dir das auch einmal.
Doch weil das böse Schmerzensding
zum Glück an dir vorüberging,
so ist die Sache andrerseits
für dich nicht ohne allen Reiz.
Du merkst, daß die Bedaurerei
so eine Art von Wonne sei.

Wilhelm Busch

Heute erwarte ich zum zweitenmal einen jungen Arbeiter-
priester. Ich war darauf vorbereitet, einen abgekämpften
Menschen zu sehen. Indessen fand ich ihn jugendlich, ge-
löst, selbstbeherrscht, voll leidenschaftlicher Liebe. Helle,
blaue Augen. Seine Züge, durch die körperliche Anstren-
gung gröber geworden, legen sich bei jedem Lächeln in viele
Falten. Es ist das Gesicht eines Menschen, der arm geworden ist, an der Seite der Unterdrückten.

Frère Roger

Jesus sprach: „Wer von euch würde seinem Kind einen Stein geben, wenn es um Brot bittet? Oder eine Schlange, wenn es um Fisch bittet? So schlecht ihr auch seid, wißt ihr doch, was euren Kindern gut tut, und gebt es ihnen. Wieviel mehr wird euer Vater im Himmel denen Gutes geben, die ihn darum bitten."

Matthäus 7,9–11

Ob wir davonkommen, ohne gefoltert zu werden, ob wir eines natürlichen Todes sterben, ob wir nicht wieder hungern, die Abfalleimer nach Kartoffelschalen durchsuchen, ob wir getrieben werden in Rudeln, wir haben's gesehen.

Ob wir nicht noch die Zellenklopfsprache lernen, den Nächsten belauern, vom Nächsten belauert werden, und beim Wort Freiheit weinen müssen.

Ob wir uns fortstehlen, rechtzeitig auf ein weißes Bett oder zugrunde gehen am hundertfachen Atomblitz, ob wir es fertigbringen, mit einer Hoffnung zu sterben, steht noch dahin, steht alles noch dahin.

Marie Luise Kaschnitz

Wenn einer zu dir kommt und von dir Hilfe fordert, dann ist es nicht an dir, ihm mit frommem Munde zu empfehlen: „Habe Vertrauen und wirf deine Not auf Gott", sondern dann sollst du handeln, als wäre da kein Gott, sondern auf der ganzen Welt nur einer, der diesem Menschen helfen kann, du allein.

Martin Buber

Bekennen

Es ist und bleibt die revolutionärste Tat,
immer das laut zu sagen, was ist.

Rosa Luxemburg

ich glaube daß die erde so angelegt ist
daß sie zum himmel für alle werden kann
ich glaube an den menschen
an jesus von nazaret
ich hoffe auf vergebung für mich
und deshalb auch für alle
ich glaube an das leben
und daß der tod nicht das letzte wort spricht
ich glaube an gott
ich glaube an jesus
der mir zum gott meines lebens geworden ist
ich glaube auch an den menschen trotz allem
ich glaube an die erde
an das gemeinsame haus aller menschen
ich glaube an den neuen himmel auf einer neuen erde
ich glaube auch an eine kirche der zukunft
die sich anschickt
die wüsten der welt zu bewässern brot zu vermehren
und darüber hinaus wasser in wein zu verwandeln
auf daß das wahre fest der menschen stattfinden kann

Wilhelm Willms

Wir lieben Menschen, die frisch heraus bekennen, was sie
denken. Vorausgesetzt, sie denken dasselbe wie wir.

Mark Twain

Also ich spreche ja nicht gern über so was. Außerdem liegt das alles ja schon lange zurück. Ich war so um die fünfundzwanzig. Fritz hatte damals gerade seine erste Stelle angetreten. Wir waren sehr glücklich miteinander. Ich bin gar nicht auf den Gedanken gekommen, daß es auch noch was anderes geben könnte als Fritz und die Kinder.

Und dann kam dieser Hubert uns besuchen. Er war ein Kollege von Fritz. Er hat sich bei uns wohlgefühlt, das hat man gemerkt. Er ist dann immer häufiger gekommen. Eines Tages hieß es plötzlich: Den Hubert haben sie versetzt.

Wir haben Abschied gefeiert, und dabei hab ich zum erstenmal festgestellt, was mit mir los war. Ja, ja, es war schon so, ich will da gar nichts vertuschen. Ich hatte mich in Hubert verliebt. Beim Abschied ist mir fast das Herz gebrochen. Das heißt, es dauerte eine Weile, bis ich mir das eingestand. So was will man ja nicht wahrhaben. Unaufhörlich habe ich mich dabei ertappt, daß ich an Hubert dachte.

Ich habe auch überlegt, ob ich mit Fritz darüber reden sollte. Aber das geht ja nicht. Obwohl – nachträglich denke ich, es wäre besser gewesen. Aber man hat ja auch Angst, was der andere dazu sagen könnte.

Roswitha Fröhlich

Ich betete zu dem Herrn, meinem Gott, und bekannte und sprach: Ach, Herr, du großer und heiliger Gott, der du Bund und Gnade bewahrst denen, die dich lieben und deine Gebote halten! Wir haben gesündigt, Unrecht getan, sind gottlos gewesen und abtrünnig geworden; wir sind von deinen Geboten und Rechten abgewichen. Du, Herr, bist gerecht, wir aber müssen uns alle heute schämen.

Daniel 9,4.5.7

Widerstehen

Bleib erschütterbar und widersteh!

Peter Rühmkorf

Was auch immer geschieht:
Nie dürft ihr so tief sinken,
von dem Kakao, durch den man euch zieht,
auch noch zu trinken.

Erich Kästner

Prag, den 9. Dezember 1968

Die Kellnerin ließ auf sich warten, was ich ohne Ungeduld registrierte. Ich bin Teetrinker, und die Kunst, Tee zuzubereiten, ist die einzige Kunst, deren Blütezeit in diesem Land noch aussteht.

Ich schrieb nach Mähren und zwei besonders sorgfältig ausgewählte Karten nach Moskau, wo mich im Frühling Freunde in das Restaurant Praga eingeladen hatten: Wir hatten auf die Tschechoslowakei angestoßen.

Als ich nach vierzig Minuten noch immer nicht bestellt hatte, machte ich eine bittende Geste zur Kellnerin – der Anstand, schien mir, gebietet es. Doch hatte ich ihre Blickhöhe offenbar unterschätzt. Mein nächstes Handzeichen, das, davon war ich überzeugt, bemerkt worden war, blieb ebenfalls erfolglos.

Ich begann zu argwöhnen, daß an meinem Tisch nicht bedient würde. Der Gast, der sich wenig später mir gegenübersetzte, hatte die Zeitung jedoch noch nicht völlig auseinandergefaltet, als die Kellnerin herantrat und ihn nach seinen Wünschen fragte. Meine Bestellung nahm sie nicht entgegen. Sie kehrte mir den Rücken zu und ging.

Mit einemmal wurde mir bewußt, daß von dort, woher ich kam, Truppen in die Tschechoslowakei eingefallen waren.

Reiner Kunze

Seid wachsam und nüchtern! Euer Feind, der Teufel, schleicht um die Herde wie ein hungriger Löwe. Er wartet nur darauf, daß er einen von euch verschlingen kann. Leistet ihm Widerstand und haltet unbeirrt am Glauben fest. Denkt daran, daß eure Brüder in der ganzen Welt dasselbe durchmachen müssen wie ihr.

1. Petrus 5,8.9

Der Krieg wird nicht mehr erklärt,
sondern fortgesetzt. Das Unerhörte
ist alltäglich geworden. Der Held
bleibt den Kämpfen fern. Der Schwache
ist in die Feuerzonen gerückt.
Die Uniform des Tages ist die Geduld,
die Auszeichnung der armselige Stern
der Hoffnung über dem Herzen.

Er wird verliehen,
wenn nichts mehr geschieht,
wenn das Trommelfeuer verstummt,
wenn der Feind unsichtbar geworden ist
und der Schatten ewiger Rüstung
den Himmel bedeckt.

Er wird verliehen
für die Flucht von den Fahnen,
für die Tapferkeit vor dem Freund,
für den Verrat unwürdiger Geheimnisse
und die Nichtachtung
jeglichen Befehls.

Ingeborg Bachmann

Streiten

Nicht jene, die streiten, sind zu fürchten,
sondern jene, die ausweichen.

Marie von Ebner-Eschenbach

Der Herr fragte Hiob:
„Mit mir, dem Mächtigen, willst du dich streiten?
Willst du mich tadeln, oder gibst du auf?"
Da antwortete Hiob dem Herrn:
„Ich bin zu wenig, Herr! Was soll ich sagen?
Ich lege meine Hand auf meinen Mund!
Ich habe mehr geredet als ich sollte,
noch einmal tu ich es bestimmt nicht mehr!"
Da sagte der Herr aus dem Sturm heraus zu Hiob:
„Steh auf jetzt, Hiob, zeige dich als Mann!
Ich will dich fragen, gib du mir Bescheid!
Willst du im Ernst mein Recht in Frage stellen,
mich schuldig sehn, damit du recht behältst?
Sag, nimmst du es an Stärke mit mir auf?
Kann deine Stimme donnern wie meine?"

Hiob 40,1–9

Ein Ehepaar ist so zerstritten, daß die beiden kein Wort miteinander reden.
Er legt auf ihren Nachttisch einen Zettel: „Um sieben Uhr
wecken."
Am nächsten Morgen erwacht er um acht Uhr und findet auf
seinem Nachttisch einen Zettel: „Du, wach auf, es ist sieben
Uhr."

Wo die Kirche mit ihrer Umwelt nur in konfliktloser Harmonie lebt, muß man mißtrauisch sein.

Helmut Gollwitzer

Das Unglück der Erde war bisher, daß zwei den Krieg beschlossen und Millionen ihn ausführten und ausstanden, indes es besser, wenn auch nicht gut gewesen wäre, daß Millionen beschlossen hätten und zwei gestritten.

Jean Paul

„Vati", fragt Klaus, „wie entstehen eigentlich Kriege?"
„Ja, mein Junge, die Sache ist so: Nehmen wir zum Beispiel an, England streitet sich mit Amerika über irgend etwas . . ."
Die Mutter unterbricht: „Rede doch keinen Unsinn, England und Amerika werden sich nicht miteinander streiten."
„Das behaupte ich ja gar nicht! Ich will doch nur ein Beispiel anführen."
„Mit solchem Unsinn verwirrst du dem Jungen nur den Kopf."
„Was, ich verwirre seinen Kopf? Wenn es nach dir ginge, würde überhaupt nichts in seinen Kopf hineinkommen!"
„Was sagst du da? Ich verbiete dir, daß du . . ."
Da ruft Klaus: „Danke, Vati, jetzt weiß ich endlich, wie Kriege entstehen."

Befreien

Alle Befreiung beginnt damit, daß ein paar Menschen furchtlos werden und anders handeln, als die Bedroher von ihnen
erwarten.

Jürgen Moltmann

An jenem Tage, der kein Tag mehr ist -
vielleicht wird er sagen:
Was tretet ihr an
mit euren Körbchen voller Verdienste,
die klein sind wie Haselnüsse und meistens hohl?
Was wollt ihr
mit euren Taschen voller Tugenden,
zu denen ihr gekommen seid aus Mangel an Mut,
weil euch Gelegenheit fehlte
oder durch fast perfekte Dressur?
Hab ich euch davon nicht befreit?
Wissen will ich:
Habt ihr die andern angesteckt mit Leben
so wie ich euch?

Joachim Dachsel

Die Schwarze Kirche muß die Augen weit offen halten. Ihr
Maßstab kann nicht in den Privilegien derer bestehen, die
sowieso schon mehr besitzen als andere, sondern nur in der
Gerechtigkeit, die den „geringsten Brüdern" zusteht.
Genau wie Moses ist die Schwarze Kirche nicht berufen, mit
dem Pharao zu verhandeln. Sie soll einfach Gottes Befehl an
den Mann bringen: Laß mein Volk ziehen!

Allan A. Boesak

Die meisten hier kommen durch.
Einige langen zu,
wenige sahnen ab.
's könnt' schlimmer sein,
wäre der Wohlstand hier
nicht auf die Armut, den Hunger
anderer Völker gebaut.

Wie nur können wir uns befreien
aus den Besitzfallen, Profitfallen,
die wir uns und anderen legten,
in denen wir zappeln jetzt?

Oder können wir's schon nicht mehr?
Müssen es andere tun?
Ein Aufstand vielleicht der Habenichtse
gegen uns, vom Besitz Besessene?

Oder du,
Mutter aller Geschöpfe,
Vater aller Menschen,
kannst du die Fallen öffnen,
kannst du uns befreien?

Kurt Marti

Zur Freiheit hat uns Christus befreit! So steht nun fest und
laßt euch nicht wieder das Joch der Knechtschaft auflegen.

Galater 5,1

Mahnen

Land, Land, Land, höre das Wort des Herrn!
Jeremia 22,29

habt acht
die ihr euch aufbläht unter euren talaren
habt acht
die ihr euch selbst beweihräuchert
auf euren altären
habt acht
die ihr euch selbst in den himmel lobt
habt acht
die ihr verwechselt geistig mit geistlich
habt acht
die ihr ins gericht geht mit euren brüdern
habt acht
die ihr eure schwester ins gebet nehmt
habt acht
die ihr über gläubige wie über leichen geht
habt acht
die ihr alles im griff habt auch gott
habt acht
die sache hat einen pferdefuß

klaus-uwe nommensen

Tue das Gute vor dich hin, und bekümmere dich nicht, was
daraus werden wird.
Wolle nur einerlei, und das wolle von Herzen.
Sage nicht alles, was du weißt, aber wisse immer, was du
sagst.

Matthias Claudius

Am Anfang ist das Wort. Das ist ein Wunder, dem wir zu verdanken haben, daß wir Menschen sind. Doch zugleich ist es ein Hinterhalt, eine Prüfung, eine List und ein Test. Dasselbe Wort kann einmal demütig und ein anderes Mal hochmütig sein. Leicht und sehr unauffällig kann sich ein demütiges Wort in ein hochmütiges verwandeln, während nur sehr schwer und langwierig sich ein hochmütiges Wort in ein demütiges wandelt.

Es ist nicht schwer zu belegen, daß alle Hauptbedrohungen, denen die Welt heute entgegentreten muß, in ihrem Inneren eine gemeinsame Ursache verborgen halten: die unauffällige Wandlung des ursprünglich demütigen Wortes in ein hochmütiges.

Hochmütig begann der Mensch zu glauben, er als Höhepunkt und Herr der Schöpfung verstehe die Natur vollständig und könne mit ihr machen, was er wolle.

Hochmütig begann er zu glauben, als Besitzer von Verstand sei er fähig, seine eigene Geschichte zu verstehen und sodann allen ein glückliches Leben zu planen.

Hochmütig begann er, von sich zu glauben, wenn er den Atomkern zertrümmern könne, sei er schon so vollkommen, daß ihm weder die Gefahr der atomaren Wettrüstung noch gar des Atomkrieges drohe.

In all diesen Fällen hat er schicksalhaft geirrt. Das ist schlimm. Aber in all diesen Fällen beginnt er schon, seinen Fehler zu begreifen. Und das ist gut. Von alldem belehrt, sollten wir alle und gemeinsam gegen die hochmütigen Worte kämpfen und aufmerksam nach den Kuckuckseiern des Hochmuts in scheinbar demütigen Worten forschen.

Das ist durchaus nicht nur eine linguistische Aufgabe. Als Aufruf zur Verantwortung für das Wort und gegenüber dem Wort ist dies eine wesenhaft sittliche Aufgabe. Als eine solche ist sie allerdings nicht vor dem Horizont der von uns zu überblickenden Welt verankert, sondern erst irgendwo dort, wo jenes Wort sich aufhält, das am Anfang war und das nicht das Wort des Menschen ist.

Václav Havel

Durchhalten

Wenn ich eine Entscheidung getroffen habe, muß ich hinfort nicht mit ihren Gründen, sondern mit ihren Folgen leben.

Friedrich Schwanecke

Während der Rabbi Schalom Mardochaj eines Tages in seinem Haus saß und meditierte, war ein Pogrom losgebrochen: Die entfesselte Menge steckte die Synagoge in Brand. Er aber, Rabbi Schalom, blieb ruhig im Haus bei seinen Gedanken sitzen. „Denn", so erklärte der weise Rabbi, „gibt es eine Gerechtigkeit Gottes, so werden die Verbrecher ihre Strafe finden, und die Synagoge wird neu erstehen. Gibt es aber keine Gerechtigkeit Gottes – wozu brauchen wir dann eine Synagoge?"

Erzählung der Chassidim

Wir wissen nicht, was morgen wird.
Wir sind keine klugen Leute.
Der Spaten klirrt, und die Sense sirrt,
wir wissen nicht, was morgen wird.
Wir ackern und pflügen das Heute.
Wir wissen wohl, was gestern war,
und wir hoffen, es nie zu vergessen.
Wir wissen wohl, was gestern war,
und wir säen das Brot, und das Brot ist rar,
und wir hoffen, es auch noch zu essen.
Wir wissen nicht, was morgen wird,
ob der Kampf unser harrt oder Frieden,
ob hier Sense sirrt oder Säbel klirrt –
wir wissen nur, daß es Morgen wird,
wenn wir Schwerter zu Pflügen schmieden.

Mascha Kaléko

An einer strömungsreichen Stelle irgendwo am Meer fand ich ein Schild, das Schwimmer warnt und ihnen empfiehlt, für den Fall, daß eine Strömung sie erfaßt, sich nicht gegen den Sog zu wehren. Die Strömung führe wieder zurück. Man solle seine Kräfte nicht sinnlos verbrauchen, sondern sich vom Wasser selber zurücktragen lassen.

Wie muß ein Mensch beschaffen sein, der handeln kann, wie das Schild es rät? Er müßte zunächst wissen, daß das Meer seine Gesetze hat und daß seine Bewegungen nicht vollkommen unberechenbar und chaotisch sind. Er müßte fähig sein, auf die Durchsetzung seines unmittelbaren Zieles, nämlich jetzt – sofort ans Ufer zu kommen, zu verzichten. Er müßte warten und langfristig und geduldig denken können. Er müßte zugeben können, daß er nicht zu allem fähig und nicht ständig Herr seiner Lage ist, daß seine eigenen Kräfte gegen die Gewalt des Meeres lächerlich sind. Er müßte also einen Glauben haben an den Zusammenhang des Ganzen, eine geduldige Hoffnung auf einen guten Ausgang trotz der augenblicklichen Gefahr und die Demut der richtigen Einschätzung seiner eigenen Kräfte.

Fulbert Steffensky

Ich sende euch wie Schafe mitten unter die Wölfe. Seid darum klug wie die Schlangen und ohne Falsch wie die Tauben. Nehmt euch vor den Menschen in acht! Sie werden euch den Gerichten ausliefern, und vor Statthalter und Könige wird man euch führen um meinetwillen, ihnen und den Heiden zum Zeugnis. Doch wenn sie euch ausliefern, so sorgt euch nicht darum, wie oder was ihr reden sollt! Denn es wird euch in jener Stunde eingegeben werden, was ihr zu sagen habt. Und ihr werdet allen verhaßt sein um meines Namens willen. Doch wer durchhält bis zum Ende, der wird gerettet werden.

Matthäus 10,16–19.22

Empfangen

Nur wer empfängt, kann weitergeben.

Ihr werdet die Kraft des heiligen Geistes empfangen, der auf euch kommen wird, und werdet meine Zeugen sein in Jerusalem und in ganz Judäa und Samarien und bis an das Ende der Erde.

Apostelgeschichte 1,8

Eine Schale will ich sein,
empfänglich für Gedanken des Friedens.
Eine Schale für dich, Heiliger Geist.

Meine leeren Hände will ich hinhalten,
offen für die Fülle des Lebens.
Leere Hände für dich, Heiliger Geist.

Mein Herz will ich öffnen,
bereit für die Kraft der Liebe.
Ein Herz für dich, Heiliger Geist.

Gute Erde will ich sein,
gelockert für den Samen der Gerechtigkeit.
Gute Erde für dich, Heiliger Geist.

Ein Flußbett will ich sein,
empfänglich für das Wasser der Güte.
Ein Flußbett für dich, Heiliger Geist.

Anton Rotzetter

Die gewöhnliche Frage: „Was sollen wir tun?" muß mit der ungewöhnlichen Frage: „Von wo empfangen wir etwas?" beantwortet werden. Die Menschen müssen wieder verstehen lernen, daß man nicht viel geben kann, wenn man nicht viel empfangen hat. Die Religion ist in erster Linie eine geöffnete Hand, eine Gabe entgegenzunehmen, und erst in zweiter Linie eine tätige Hand, Gaben auszuteilen.

Paul Tillich

Es war einmal eine alte Frau, der hatte der liebe Gott versprochen, sie heute zu besuchen. Darauf war sie nun nicht wenig stolz. Sie scheuerte und putzte, buk und tischte auf. Und dann fing sie an, auf den lieben Gott zu warten. Auf einmal klopfte es an die Tür. Geschwind öffnete die Alte, aber als sie sah, daß draußen nur ein armer Bettler stand, sagte sie: „Nein, in Gottes Namen, geh heute deiner Wege! Ich warte eben gerade auf den lieben Gott, ich kann dich nicht aufnehmen." Und damit ließ sie den Bettler gehen und warf die Tür hinter ihm zu. Zwei weitere Bettler, die bei ihr anklopften, schickte sie ebenfalls weg: „Ich warte auf den lieben Gott. Ich kann euch nicht aufnehmen." Und die Alte fing aufs Neue an zu warten.
Die Zeit ging hin, Stunde um Stunde. Es ging schon auf den Abend zu, und immer noch war der liebe Gott nicht zu sehen. Wo mochte er nur geblieben sein? Zu guter Letzt mußte sie betrübt zu Bett gehen. Bald schlief sie ein. Im Traum erschien ihr der liebe Gott. Er sprach zu ihr: „Dreimal habe ich dich heute aufgesucht, und dreimal hast du mich nicht empfangen."

Rühmen

Meistens rühmen wir nur die aufrichtig,
die uns bewundern.

La Rochefoucauld

Es war einmal ein Gaukler, der tanzend von Ort zu Ort zog,
bis er des unsteten Lebens müde war. Da trat er in ein Kloster ein. Aber das Leben der Mönche war ihm fremd. Als er
sah, wie jedermann des Gebetes kundig schien und im Chor
die Messe sang, stand er beschämt dabei und sprach zu
sich: „Was tu ich hier? Ich weiß nicht zu beten und bin der
Kutte nicht wert, in die man mich kleidete."
In seinem Gram flüchtete er in eine abgelegene Kapelle.
„Wenn ich schon nicht mitbeten kann, so will ich doch tun,
was ich kann." Rasch streifte er das Mönchsgewand ab und
stand da in seinem bunten Röckchen, in dem er als Gaukler
umhergezogen war. Und während vom hohen Chor die
Psalmengesänge herüberwehen, beginnt er mit Leib und
Seele zu tanzen. Mal geht er auf seinen Händen durch die
Kapelle, mal überschlägt er sich in der Luft und springt die
kühnsten Tänze, um Gott zu loben. Er tanzt ununterbrochen,
bis es ihm den Atem verschlägt und die Glieder ihren Dienst
versagen.
Ein Mönch hatte durch ein Fenster seine Tanzsprünge mit-
angesehen und heimlich den Abt geholt. Am anderen Tag
ließ dieser den Bruder zu sich rufen. Der Arme erschrak zu-
tiefst und glaubte, er solle des verpaßten Gebetes wegen
gestraft werden. Er fiel vor dem Abt nieder und sprach: „Ich
weiß, Herr, daß hier meines Bleibens nicht ist. So will ich in
Geduld die Unrast der Straße wieder ertragen." Doch der
Abt neigte sich vor ihm, küßte ihn und bat ihn, für ihn und alle
Mönche bei Gott einzustehen: „In deinem Tanze hast du
Gott mit Leib und Seele gerühmt. Uns aber möge er alle
Worte verzeihen, die über die Lippen kommen, ohne daß un-
ser Herz sie sendet."

Französische Legende

Singet dem Herrn ein neues Lied,
denn er tut Wunder.
Er schafft Heil mit seiner Rechten
und mit seinem heiligen Arm.
Der Herr läßt sein Heil kundwerden;
vor den Völkern macht er seine Gerechtigkeit offenbar.
Er gedenkt an seine Gnade und Treue für das Haus Israel,
aller Welt Enden sehen das Heil unsres Gottes.
Jauchzet dem Herrn, alle Welt,
singet, rühmet und lobet!
Lobet den Herrn mit Harfen,
mit Harfen und mit Saitenspiel!
Mit Trompeten und Posaunen
jauchzet vor dem Herrn, dem König!
Das Meer brause und was darinnen ist,
der Erdkreis und die darauf wohnen.
Die Ströme sollen frohlocken,
und alle Berge seien fröhlich
vor dem Herrn;
denn er kommt, das Erdreich zu richten.
Er wird den Erdkreis richten mit Gerechtigkeit
und die Völker, wie es recht ist.

Psalm 98

Frieden
schaffen

Zuspruch

Friede, Friede den Fernen und den Nahen,
spricht der Herr.

Jesaja 57,19

Du kannst denken, Andres, daß alles, was Christus angehet und was er gesagt und getan hat, viel Sinn und Bedeutung habe. Wenn er sagt: „Friede sei mit euch" – so haben wir unser ganzes Leben zu tun und werden es wohl im Himmel erst verstehen lernen, was das einzige Wort Friede in seinem Munde heißt.

Matthias Claudius

Reicht euch die Hände, seid eine Gemeinde,
Frieden, Frieden – heiße der Sieg.
Glaubt nicht, ihr hättet Millionen Feinde.
Euer einziger Feind heißt: Krieg.

Erich Kästner

Selig sind die sanft Mutigen;
sie werden das Land besitzen.

Leipzig, Herbst 1989

Könnte ich doch hören, was Gott der Herr redet,
daß er Frieden zusagte seinem Volk und seinen Heiligen,
damit sie nicht in Torheit geraten.
Doch ist ja seine Hilfe nahe denen, die ihn fürchten,
daß in unserm Lande Ehre wohne;
daß Güte und Treue einander begegnen,
Gerechtigkeit und Friede sich küssen.

Psalm 85,9–11

Die Häsin lag sehr krank. Da kam der Igel zu Besuch, brachte ein paar frische Kleeblätter mit und sagte: „Kommt Zeit, kommt Rat!" Gut gemeint, aber wann kommt die Zeit, und welcher Rat wird es sein? – Tags drauf sah die Eule herein und meinte: „Gut Ding will Weile haben!" Sprach's und verabschiedete sich. Die Häsin dachte: Ich kann mir aber keine Weile leisten. – Als die Feldmaus durchs Fenster guckte, fiepte sie: „Kopf hoch, Frau Nachbarin, so trägt eben jeder sein Päckchen!" – Die alte Katze sah auch kurz herein und erkundigte sich nach dem Befinden. „Es wird schon werden!" meinte sie schnurrend und meinte es ja ehrlich. – Als dann der Maulwurf seine Hemmungen überwand und durchs Fenster rief: „Keine Sorge! Ende gut, alles gut!", da empfand die Häsin nur noch Bitterkeit. In der Küche tobten die Jungen, und nichts war fertig geworden. Dazu noch die eigene Angst. Witzig sollte es klingen, als die Elster vom hohen Baum rief: „Kommen wir über den Hund, kommen wir über den Schwanz. Geduld, Geduld, Geduld!"

Können die alle sich denn gar nicht vorstellen, wie es mir zumute ist? dachte die Kranke. Müssen die denn alle solchen gutgemeinten Unsinn reden?

Während sie noch voller Enttäuschung so nachdachte und merkte, daß all der gutgemeinte Trost im Grunde keiner war, kamen die Ameisen herein, grüßten kurz, stellten Feldblumen auf den Tisch, machten die Küche sauber, versorgten die jungen Hasen, waren bei alledem sehr leise und verabschiedeten sich ohne jeden Aufwand. Da trat viel Ruhe ein, und vor allem: Die Hoffnung wuchs.

Peter Spangenberg

Wer Halt gewährt, verstärkt in sich den Halt.
Wer Trost spendet, vertieft in sich den Trost.
Wer Heil wirkt, dem offenbart sich das Heil.

Martin Buber

Überzeugung

Die wirkliche Treue, die wir unseren Überzeugungen schulden, besteht darin, jeden Morgen zu überprüfen, ob ihre Wahrheiten andauern.

Hans Kaspar

Wir sehn mit Grausen ringsherum:
Die Leute werden alt und dumm.
Nur wir allein im weiten Kreise,
wir bleiben jung und werden weise.

Eugen Roth

„Gott sei Dank", sagt die Bäuerin, „es kommt jetzt Regen." „Aber Genossin", antwortet der Leiter der Kolchose, „du weißt doch, einen Gott gibt es, Gott sei Dank, nicht." „Sicher, Genosse, aber wenn es nun, was Gott verhüten möge, doch einen gibt?"

Ich war im Folterzentrum, gefangen in einer schmalen, niedrigen Zelle ohne Licht und sanitäre Einrichtungen. Dort verbrachte ich die Karwoche. Als die Tür geöffnet wurde und Licht hereinfiel, sah ich viele Inschriften auf den Wänden: Gebete, Namen, Beschimpfungen, Namen von Fußballclubs und ähnliches. Ich erblickte auch einen großen Blutfleck. Darunter stand mit einem in das Blut getauchten Finger geschrieben: „Dios no mata" – Gott tötet nicht. Das ist etwas, was sich in mein Gedächtnis eingebrannt hat und was ich mein Leben lang mit mir tragen werde.

Adolfo Perez Esquivel

44

Nicht von der Friedenspolitik als Weltpolitik möchte ich sprechen, sondern von diesen Voraussetzungen:
Erstens:
Kein äußerer Friede ist ohne den inneren Frieden der Menschen zu halten.
Zweitens:
Friede ist allein durch Freiheit.
Drittens:
Friede ist allein durch Wahrheit.

Karl Jaspers

Als Jesus weitergehen wollte, lief ein junger Mann auf ihn zu, warf sich vor ihm auf die Knie und fragte: „Guter Meister, was muß ich alles tun, um ganz sicher das ewige Leben zu bekommen?"
Jesus entgegnete: „Weshalb nennst du mich gut? Es gibt nur einen, der gut ist, und das ist Gott. Du kennst doch seine Gebote: Du sollst nicht töten! Du sollst nicht die Ehe brechen! Du sollst nicht stehlen! Du sollst nicht schlecht über andere reden! Du sollst nicht betrügen! Achte deinen Vater und deine Mutter!"
„Meister", antwortete der junge Mann, „an diese Gebote habe ich mich schon als Kind gehalten."
Jesus sah ihn voller Liebe an: „Eins fehlt dir noch: Verkaufe alles, was du hast, und gib das Geld den Armen. Damit wirst du im Himmel einen Reichtum gewinnen, der niemals verlorengeht. Und dann komm und folge mir nach!"
Über diese Forderung war der Mann tief betroffen. Traurig ging er weg, denn er war sehr reich.

Markus 10,17–22

Verantwortung

Alles, was geschieht, geht dich an.

Günter Eich

Alles übrige, Politik etwa,
hielt sie für Nebensachen.
„Die Herren", sagte sie hie und da,
„werden's schon richtig machen . . ."
Bis eines Tages – es war im Mai –
aus einem Stück schönsten Himmelblaus
eine Bombe fiel, mittags um zwei,
auf ihr efeuumranktes Haus.
Vermutlich hat die Dame, sofern
sie's noch konnte, gedacht:
„Nun haben es leider die Herren
doch nicht richtig gemacht!"

Otto-Heinrich Kühner

Verantwortlich leben meint: Der Mensch ist aufgefordert zu
antworten, wenn er gefragt wird, was er aus sich gemacht
hat.

Paul Tillich

Nichts ist gleichgültig.
Nichts geht verloren.
Alles, was wir tun oder nicht tun,
kann unendliche Perspektiven haben.
Keine Flucht kann auf die Dauer gelingen.
Es kommt alles noch einmal zur Sprache.

Helmut Gollwitzer

Denkt daran, zu welchen Zwecken eure Arbeit angewendet wird. Dann überlegt: Will ich diesem Zweck mit meinen eigenen Händen dienen?

In unserem Zeitalter ist es nicht mehr möglich, den Krieg als das geeignete Mittel zur Wiederherstellung verletzter Rechte zu betrachten.

Johannes XXIII.

Verantwortung bindet, sie befreit nicht;
sie bietet nicht, sondern gebietet;
sie trägt nicht, sondern muß getragen werden.

Friedrich Schwanecke

Einst kamen die Bäume zusammen, um sich einen König zu wählen. Sie sagten zum Ölbaum: „Sei du unser König!" Aber der Ölbaum erwiderte: „Soll ich vielleicht aufhören, kostbares Öl zu spenden, mit dem man Götter und Menschen ehrt? Soll ich über den Bäumen thronen?"
Da sagten die Bäume zum Feigenbaum: „Sei du es!" Doch der Feigenbaum erwiderte: „Soll ich vielleicht aufhören, süße Feigen zu tragen? Soll ich über den Bäumen thronen?"
Da sagten sie zum Weinstock: „Sei du es!" Doch der erwiderte: „Soll ich aufhören, Wein zu geben, der Götter und Menschen erfreut? Soll ich über den Bäumen thronen?"
Schließlich sagten sie zum Dornstrauch: „Sei du unser König!" Und der Dornstrauch erwiderte: „Wenn ihr mich wirklich zu eurem König machen wollt, dann bückt euch und sucht Schutz unter meinem Schatten! Sonst wird Feuer von meinen Dornen ausgehen, das sogar die Zedern des Libanons verbrennt!"

Richter 9,8–15

Sorge

Magengeschwüre bekommt man nicht von dem, was man ißt, sondern von dem, wovon man aufgefressen wird.

Im übersättigten Hungerjahrhundert
kaue ich die Legende vom Frieden und werde nicht satt.
Kann nicht verdauen die Kriege,
sie liegen mir wie Steine im Magen, Grabsteine.
Der Frieden liegt mir am Herzen.
Ich kaue das wiederholte Wort und werde nicht satt.

Rose Ausländer

„Sorgt nicht um euer Leben" – was heißt das? Nun, es bedeutet zuerst eine schier unglaubliche Freiheit von der Lebensangst. Der Mensch, der Jesus Christus begegnet ist, kann mit seiner Furcht fertig werden. Aber Furchtlosigkeit heißt nicht Lethargie, nicht Resignation, nicht Wurstigkeit. Freiheit von dieser Angst heißt durchaus im Getümmel stehen, handelnd, Partei ergreifend, aber zugleich wissend, Partei, Auseinandersetzung, Leistung, Karriere, das Altwerden, der Tod – das ist alles nicht das Letzte, nicht das Ziel, nicht die Mitte und der Sinn. Freiheit von Lebensangst, von kleiner bedrückender, auf den Tag schauender Sorge ist die königliche Freiheit der Kinder Gottes.

Heinrich Albertz

Herr, unsere Erde ist nur ein kleines Gestirn im großen Weltall. An uns liegt es, daraus einen Planeten zu machen, dessen Geschöpfe nicht von Kriegen gepeinigt werden, nicht von Hunger und Furcht gequält, nicht zerrissen in sinnlose Trennung nach Rasse, Hautfarbe und Weltanschauung.
Gib uns Mut und die Voraussicht, schon heute mit diesem Werk zu beginnen, damit unsere Kinder und Kindeskinder einst mit Stolz den Namen Mensch tragen.

Gebet der Vereinten Nationen

Da sind immer Sorge, Furcht, Hoffnung und zuletzt der Tod sowohl bei dem, der in hohen Ehren sitzt, wie bei dem, der im Staube liegt. Und wenn einer des Nachts auf seinem Bett ruhen und schlafen soll, beunruhigen ihn allerlei Gedanken. Wenn er schon ein wenig ruht, so ist's doch nichts damit; denn bald ist ihm im Schlaf, als wäre es Tag und er sähe die Feinde kommen, und er erschrickt im Traum, als fliehe er aus der Schlacht.

Jesus Sirach 40,2–6

„Wo bleibt er nur wieder?" fragt der Vater. „Die Schule ist doch längst aus?" Die Mutter nickt. In ihrer Stimme klingt Angst, als sie sagt: „Sonst ist er immer schon da . . ." „Nein", schüttelt der Vater den Kopf. „So stimmt das auch wieder nicht. Du weißt, daß er neulich erst . . ." „Da hat er noch die Marienkäfer vom Fußweg auf den Rasen getragen." „Eben", sagt der Vater, „und es ist gar nicht lange her, daß er . . ." „Ich weiß", sagt die Mutter, „da wollte er der Amsel den Regenwurm abjagen . . ." Wenn nur nichts passiert ist, denkt die Mutter.
Als es stürmisch klingelt, rennen die Eltern zur Tür.
Matthias stürzt herein. Vater und Mutter blicken auf ihren Sohn, sehen sich an. Na, was wird er erzählen? „Wißt ihr", ruft er noch ganz außer Atem, „wißt ihr?" „Nein", sagt der Vater freundlich. „Wir wissen nicht. Leider wissen wir beide gar nichts." „Da unten ist eine Taube, die hat nur ein Bein." Aufs äußerste erregt stößt Matthias diese Neuigkeit hervor. „Nur ein Bein hat sie, diese Taube", fährt er fort, „und jedesmal, wenn sie ans Futter will, also . . . eine Frau hat da gefüttert, und immer sind alle gekommen und sind viel schneller gewesen. So gemein!" „Und darum", fragt der Vater freundlich, „darum kommst du so spät aus der Schule? Wieder einmal?" Matthias nickt. „Muß sie jetzt verhungern?" fragt er. „Nein", sagt der Vater, „nein, das muß sie nicht. Du siehst doch, daß Mutti schon etwas holt aus der Küche . . ."

Lutz Besch

49

Hilfe

Hilf mir erst aus meinen Nöten, Freund,
die Rede kannst du später halten.

Jean de La Fontaine

Ich bin in Not
Du sprichst vom Frieden
Zeig mir die Rechte
Teil mit mir

Ich weiß nicht wie
Du sprichst vom Frieden
Zeig mir die Wahrheit
Red mit mir

Ich spüre Zwang
Du sprichst vom Frieden
Zeig mir die Freiheit
Geh mit mir

Ich habe Angst
Du sprichst vom Frieden
Zeig mir Vertrauen
Iß mit mir

Mir droht Gewalt
Du sprichst vom Frieden
Zeig mir das Leben
Sei mit mir

Jo Krummacher

Man muß etwas, und sei es noch so wenig, für diejenigen
tun, die Hilfe brauchen, etwas, was keinen Lohn bringt, sondern Freude, es tun zu dürfen.

Albert Schweitzer

Ein Erstkläßler versucht vergeblich, einen höher plazierten Klingelknopf zu erreichen. Der Herr Direktor kommt des Wegs, zeigt sich hilfreich und klingelt. Der Kleine packt ihn am Ärmel: „Los, jetzt aber weg!"

Wir leben inmitten zerstörter Häuser und zwischen Menschen, die zu Ruinen geworden sind. Wenn wir ehrlich sind, sind auch wir alle mit angeschlagen, mit zerstört worden. Mehr oder weniger. Wenn wir unsere ruinöse Stadt wieder aufbauen, brauchen wir unseren eigenen Einsatz und auch fremde Hilfe. Gehen wir daran, die vielen menschlichen Ruinen wieder zu heilen, dann brauchen wir gegenseitig Verständnis und Hilfe.

Leipzig, Herbst 1989

Was hast du getan wirst Du fragen
Hast du mit deinen Brüdern geredet
hast du Gefangne besucht und Kranke getröstet
Und eine Stummheit befällt mich
riesengroß
die Fische wären beredter

Ute Zydek

Hätte der Herr uns nicht beigestanden, immer wenn Menschen uns überfielen und ihre Wut an uns auslassen wollten, so wären wir schon längst von der Erde verschwunden. Die Fluten hätten uns überrollt, das schäumende Wasser hätte uns gepackt, der Sturzbach uns mit sich fortgerissen.
Der Herr sei gepriesen! Er hat uns nicht den Feinden überlassen als Beute für ihre Zähne. Wir sind entkommen wie ein Vogel aus dem Netz des Fängers; das Netz ist zerrissen, und wir sind frei! Unsere Hilfe kommt vom Herrn, der Himmel und Erde geschaffen hat; er ist für uns da!

Psalm 124,2–8

Trauer

Die Trauer ist das Tor zur Weisheit.

Jörg Zink

Vor meinem eignen Tod ist mir nicht bang,
nur vor dem Tode derer, die mir nah sind.
Wie soll ich leben, wenn sie nicht mehr da sind?

Allein im Nebel tast ich todentlang
und laß mich willig in das Dunkel treiben.
Das Gehen schmerzt nicht halb so wie das Bleiben.

Der weiß es wohl, dem gleiches widerfuhr;
und die es trugen, mögen mir vergeben.
Bedenkt: Den eignen Tod, den stirbt man nur,
doch mit dem Tod der andern muß man leben.

Mascha Kaléko

Am Tage deiner Beerdigung, als ich vom Friedhof kam, habe
ich gewußt, daß ich oft dorthin zurückkehren würde. Ich
hätte dieselbe sein und dich genau so lieben können, ohne
ihn je wieder zu betreten. Während ich am ersten Abend die
Fensterläden schloß, erblickte ich den mondlosen Himmel,
unendlich, erdrückend. Ich war allein auf der Erde. Am nächsten Tage ging ich, um dich wiederzutreffen. Ein unsinniges
Treffen, ein Monolog mehr. Ich befand mich außerhalb der
Wirklichkeit, ohne in sie eindringen zu können. Alles zu wie-
derholen, führte zu nichts. Da war dein Grab, es lag vor meinen Augen, ich berührte die Erde, und unwillkürlich bildete
ich mir ein, du würdest kommen, ein wenig verspätet, wie
immer, ich würde dich bald neben mir fühlen, und wir würden
zusammen dieses kaum geschlossene Grab betrachten.

Anne Philipe

Als Jesus Jerusalem vor sich liegen sah, weinte er über die Stadt. „Der Friede war dir so nahe, warum nur wolltest du ihn nicht haben? Und auch jetzt willst du ihn nicht", sagte Jesus traurig. „Der Tag wird kommen, an dem deine Feinde einen Wall um deine Mauern aufwerfen und dich von allen Seiten belagern. Wenn deine Mauern fallen, werden alle Bewohner getötet werden. Kein Stein wird auf dem anderen bleiben. Warum hast du die Gelegenheit nicht genutzt, die Gott dir geboten hat?"

Lukas 19,41–44

Die Tränen rannen herab,
und ich ließ sie so ungehindert fließen,
wie sie wollten,
und machte aus ihnen
ein Ruhekissen für mein Herz.
Auf ihnen ruhte es.

Augustinus

Meine Trauer buchstabiert sich so:
Ich will den Widerspruch aushalten
zwischen dem ersehnten, möglichen humanen Leben
und dem falschen, verdrehten, mörderischen Leben,
in dem wir uns bewegen.
Ich will keinen Trost, der meine Trauer erledigt.
Trauern will ich vielmehr öffentlich:
ohne Lähmung einklagen
die bis heute ungelöste Versöhnung,
die uneingelöste Gerechtigkeit für die Welt.

Silvia Backhaus

Verweigerung

Mit geballter Faust kann ich niemandem die Hand reichen.

Da kamen die Pharisäer und Sadduzäer zu Jesus, um ihn auf die Probe zu stellen. Sie baten ihn: Laß uns ein Zeichen vom Himmel sehen. Er antwortete ihnen: Diese böse und treulose Generation fordert ein Zeichen, aber es wird ihr kein anderes gegeben werden als das Zeichen des Jona. Und er ließ sie stehen und ging weg.

Matthäus 16,1–4

Wenn der eine nicht will, können zwei nicht streiten.

Spanisches Sprichwort

Man hat ja noch niemals versucht, den Krieg ernsthaft zu bekämpfen. Man hat ja noch niemals alle Schulen und alle Kirchen, alle Kinos und alle Zeitungen für die Propaganda des Krieges gesperrt. Man weiß also gar nicht, wie eine Generation aussähe, die in der Luft eines gesunden und kampfesfreudigen, aber kriegsablehnenden Pazifismus aufgewachsen ist. Das weiß man nicht.

Kurt Tucholsky

Die Mutter bat ihren kleinen Sohn, sich hinzusetzen, aber er wollte unbedingt stehen. Verärgert packte sie ihn schließlich und setzte ihn auf einen Stuhl. Einen Moment war es still. Dann sagte der Kleine trotzig:
„Außen sitze ich, aber innen stehe ich doch!"

so viele menschen und noch viel mehr
er seufzte laut ein krieg müßte her
der letzte ließ ihm grad sein leben
und der erfolg hat sich ergeben
er hatte die welt rundum gesehn
nun übte er sich im wohlergehn
dann schlief er ruhig zuhause ein
und ließ den frieden doch frieden sein

Jo Krummacher

Vier Monate war ich ohne Arbeit. An die siebzig freie Stellen
bin ich abgelaufen – nichts. Dann endlich hatte ich eine als
Fäkalisator. Aber als ich anfangen wollte, hieß es, es ginge
nicht, weil ich in diesem Beruf zu viel verdienen würde. Wenn
sie dir deinen Posten aberkannt haben, darfst du eben nur
eine bestimmte Summe verdienen . . .
Inzwischen waren sie dreimal bei mir. Du kennst viele, du
warst im Auswärtigen Dienst, sagten sie, schreib auf, was du
über die einzelnen weißt – und alles ist vergessen!
Daß ich außen stinke, hätte ich in Kauf genommen.

Reiner Kunze

Wir leben im Frieden, in einem unfertigen, notdürftigen, immer gefährdeten Frieden. Die Kräfte bedenkend, die ihm
entgegenstehen, die Belastungen zählend, denen er ausgesetzt ist, die Aufgaben prüfend, die er uns stellt, möchte ich
das, womit wir dem Frieden heute dienen können, mit weni-
gen Worten sagen: Widerstand, Widerstand gegen die, die
den Frieden bedrohen mit ihrem Machtverlangen, mit ihrer
Selbstsucht, mit ihren rücksichtslosen Interessen.

Siegfried Lenz

Gebet

Niemand unter den Sterblichen ist so groß,
daß er nicht in ein Gebet eingeschlossen werden könnte.

Bertolt Brecht

Während das Bombardement den Schützengraben in Fossalta in Stücke fetzte, lag er flach und schwitzte und betete: „Ach, lieber Herr Jesus, hilf mir hier raus! Bitte, bitte, bitte, Christus. Wenn du mich vorm Tode bewahrst, werde ich allen Leuten in der ganzen Welt sagen, daß du das einzige bist, worauf es ankommt."
Das Granatfeuer zog weiter hinauf. Am Morgen ging die Sonne auf, der Tag war heiß und schwül und ruhig. Am nächsten Abend hinten in Mestre erzählte er dem Mädchen, mit dem er in die Villa Rossa hinaufging, nichts von Jesus. Und er erzählte überhaupt keinem davon.

Ernest Hemingway

Ich sprach von dir als von dem sehr Verwandten,
zu dem mein Leben hundert Wege weiß,
ich nannte dich: den alle Kinder kannten,
für den ich dunkel bin und leis.

Ich nannte dich den Nächsten meiner Nächte
und meiner Abende Verschwiegenheit,
und du bist der, in dem ich nicht geirrt,
den ich betrat wie ein gewohntes Haus.
Jetzt geht dein Wachsen über mich hinaus:
Du bist der Werdendste, der wird.

Rainer Maria Rilke

Von der Übernahme und Erfüllung der Verantwortung hängt es ab, ob es sich wirklich um ein Gebet oder nur um ein frommes Gerede handelt.

Alfred Delp

Ich bete
Segne Vater diese Speise
ahnend daß das Essen es nötig hat

Hans-Jürgen Jaworski

Lieber Andres, du verlangst von mir eine Weisung übers Gebet – und du verstehst's gewiß viel besser als ich. Wenn das Wasser sich in Staubregen zersplittert, kann es keine Mühle treiben, und wo Klang und Rumor an Tür und Fenstern ist, passiert im Hause nicht viel.
Daß einer beim Beten die Augen verdreht, find ich eben nicht nötig und halte ich's besser: natürlich! Indes muß man einen darum nicht lästern, wenn er nicht heuchelt; doch daß einer groß und breit beim Gebet tut, das muß man lästern, dünkt mich, und ist nicht auszustehen.

Matthias Claudius

Betet nicht wie die Heuchler! Sie bleiben gern in den Synagogen und an den Straßenecken stehen, um zu beten. Jeder soll es sehen. Ich sage euch: Sie haben von Gott nichts zu erwarten. Wenn du beten willst, gehe in dein Zimmer, schließe die Tür hinter dir zu, und bete zu deinem Vater. Und dein Vater, der deine geheimsten Gedanken kennt, wird dich erhören. Leiere deine Gebete nicht herunter wie Leute, die Gott nicht kennen. Sie meinen, Gott würde schon antworten, wenn sie nur viele Worte machen. Nein, euer Vater weiß genau, was ihr braucht, noch ehe ihr ihn um etwas bittet.

Matthäus 6,5–8

Kampf

Wer sich für mehr Frieden einsetzt,
darf den Kampf nicht scheuen.

Laßt uns mit Ausdauer in dem Wettkampf laufen, der uns
aufgetragen ist, und dabei auf Jesus blicken, den Urheber
und Vollender des Glaubens; er hat angesichts der vor ihm
liegenden Freude das Kreuz auf sich genommen, ohne auf
die Schande zu achten, und sich zur Rechten von Gottes
Thron gesetzt.
Denkt an den, der von den Sündern solchen Widerstand gegen sich erduldet hat; dann werdet ihr nicht ermatten und
den Mut nicht verlieren. Ihr habt im Kampf gegen die Sünde
noch nicht bis aufs Blut Widerstand geleistet.

Hebräer 12,1–4

Ich muß mit dem Drachen kämpfen.
Noch weiß ich nicht,
in welches seiner Augen ich blicken muß,
welcher seiner Münder zu mir sprechen
und welches seiner Ohren mich abhören wird.
Kann sein, er hebt nur wortlos seine Pranke.
Vielleicht werde ich nach ihm suchen müssen
oder ihn sogar wecken.
Er kann den Kampf ablehnen,
er kann mich zu komisch finden,
sogar Verständnis kann er mir zeigen wollen.
Selbst wenn er so weit geht,
mich in seine Besorgnisse einzuweihen,
seinen Kummer zu zeigen, sogar Ratschläge erbittet,
Hilfe erwartet und Mitgefühl verlangt.
Ich muß mit dem Drachen kämpfen,
kommt er mir auch
als Maus.

Heinz Kahlau

Eine Kirche, die aus lauter Angst, nur ja nicht in den Schein zu kommen, Partei zu ergreifen, nie und nimmer Partei zu sein sich getraut, sehe wohl zu, ob sie sich nicht notwendig kompromittiere: mit dem Teufel nämlich, der keinen lieberen Bundesgenossen kennt als eine um ihren guten Ruf und sauberen Mantel ewig schweigende, meditierende, ewig neutrale Kirche: eine Kirche, die – allzu bekümmert um die doch wirklich nicht so leicht zu bedrohende Transzendenz des Reiches Gottes – zum stummen Hund geworden ist.

Karl Barth

Wer Frieden schaffen will, führt einen Kampf gegen Resignation und Hoffnungslosigkeit, gegen die, die sagen, man könne doch nichts tun. Der Kampf beginnt mit sich selbst. Mit der Bequemlichkeit, mit der Gedankenlosigkeit. Die stärkste Herausforderung in diesem Kampf ist der Mensch, der ständig den Frieden bedroht, der zu feige ist, Phantasie und Herz in die Waagschale des Friedens zu werfen.

Zwischen Vater und Sohn entbrennt ein Streit. Der Sohn, vierzehn, lehnt sich auf gegen einen Befehl. Der Vater will den Sohn ohrfeigen. Doch er verbietet es sich. Er ist gegen das Schlagen. Zwar hat er es früher getan, aber jetzt schämt er sich dessen. Er kann sich kaum beherrschen. Mit aller Kraft hält er die beiden Arme des Sohnes fest, um sich selbst die Hände zu binden.
Der Sohn hat Angst, will sich losreißen, ringt mit dem Vater. Doch da tritt etwas Unerwartetes ein: Aus einer Schnittwunde an der Hand des Vaters rinnt Blut. Als der Vater es merkt, läßt er den Sohn los. Er zittert. Er verspürt eine große Erleichterung. Der Sohn blickt auf die Hand des Vaters und fragt: „Ist es schlimm?" Dem Vater wird es ganz leicht. Er möchte den Sohn umarmen.

Oskar Pfenninger

Schutz

Alle Menschen sind vor dem Gesetz gleich und haben ohne Unterschied Anspruch auf gleichen Schutz durch das Gesetz.

Erklärung der Menschenrechte, Artikel 7

dunkel leuchtende höhle
wo wir wärme suchen und zuflucht
bei feuer und freunden
schöne höhle du gott
in der wir immer schon gingen
und wußten es nicht

Kurt Marti

So spricht der Herr: Ich kehre wieder auf den Zion zurück und will zu Jerusalem wohnen, daß Jerusalem eine Stadt der Treue heißen soll und der Berg des Herrn Zebaoth ein heiliger Berg. Es sollen hinfort wieder sitzen auf den Plätzen Jerusalems alte Männer und Frauen, jeder mit seinem Stock in der Hand vor hohem Alter, und die Plätze der Stadt sollen voll sein von Knaben und Mädchen, die dort spielen. Erscheint dies auch unmöglich in den Augen derer, die in dieser Zeit übriggeblieben sind von diesem Volk, sollte es darum auch unmöglich erscheinen in meinen Augen?

Sacharja 8,3–6

„Bäume sind unser Leben", sangen die Frauen des Dorfes Reni im nordindischen Himalaya. Sie haben bewiesen, daß sie, um ihre Bäume zu erhalten, das eigene Leben riskieren.
Zum ersten Mal geschah es 1974, daß Frauen Holzfäller daran hinderten, auch noch das letzte Stück Eichenwald in der Umgebung des Dorfes zu roden. Sie umklammerten die Bäume, so daß die Sägen nicht an die Stämme gelegt werden konnten. Das Leben der Bäume, und dadurch auch das der Menschen, wurde gerettet.

Ganz unverhofft an einem Hügel
sind sich begegnet Fuchs und Igel.
Halt, rief der Fuchs, der Bösewicht,
kennst du des Königs Order nicht?
Ist nicht der Friede längst verkündigt,
und weißt du nicht, daß jeder sündigt,
der immer noch gerüstet geht?
Im Namen seiner Majestät –
Geh her und übergib dein Fell!
Der Igel sprach: Nur nicht so schnell!
Laß dir erst deine Zähne brechen,
dann wollen wir uns weiter sprechen.
Und alsogleich macht er sich rund,
schließt seinen dichten Stachelbund
und trotzt getrost der ganzen Welt,
bewaffnet, doch als Friedensheld.

Wilhelm Busch

O Gott, was tue ich
vor dieser kalten, grauen Wand, die Zukunft heißt,
und Gott, was sage ich
zu dem zerrissnen wirren Netz Vergangenheit?
Weiß nicht, was wird, und das, was war,
kann mich nicht retten.

O Gott, du sagst doch: Ich bin da.
Sagst immer wieder: für uns Menschen.
Das einzige, was mich noch hält,
dein: Ich bin da.
Und wie Vertrauen schleicht sich ein,
o Gott, dein Name:
Ich bin da.

Ursula Geiger

Toleranz

Das ausdruckvollste Beispiel von Toleranz
ist eine Goldene Hochzeit.

Denen wir lieber
aus dem Weg gehen
sind dein Weg.

Die wir lieber
nicht sehen möchten
sind dein Blick.

Die wir lieber
nicht hören möchten
sind deine Stimme.

So ist das.
Und so:
bist du.

Kurt Marti

Ich wünsche Ihnen, daß Sie friedensfähig bleiben oder werden in einer Welt voller Konflikte und gegenläufiger Interessen; daß Sie zur Vorleistung, zur „einseitigen Abrüstung" gegenüber dem bereit sind, mit dem Sie im Streit leben; daß Sie
Frieden stiften dort, wo kleinlicher Eigennutz die Menschen
zu Feinden macht; daß Sie die Bedürfnisse des anderen
nach Schutz und Sicherheit erkennen und anerkennen; daß
Sie kein Hochmut hindert, Vergebung anzunehmen, und
Kränkung kein Grund ist, Vergebung nicht zu gewähren.

Uwe Vagt

Friede entsteht dadurch, daß Kompromisse gefunden werden und daß alle Beteiligten lernen, mit den ungelösten Problemen zu leben.

Manfred Rommel

Der Herr, euer Gott, ist Herr über alle Götter und Gewalten, er ist groß und mächtig und verbreitet Furcht und Schrecken um sich. Er ist nicht parteiisch und läßt sich nicht bestechen. Er verhilft den Waisen und Witwen zu ihrem Recht, er liebt auch die Fremden, die bei euch leben, und versorgt sie mit Nahrung und Kleidung. Darum sollt ihr die Fremden lieben. Ihr habt ja selbst in Ägypten als Fremde gelebt.

5. Mose 10,17–19

Fremdenhaß ist natürlich. Er entspringt unter anderem der Angst, daß andere in dieser oder jener Richtung begabter sein könnten; jedenfalls sind sie anders begabt, beispielsweise begabter in Lebensfreude, glücklicher. Das weckt Neid, selbst wenn man der Bessergestellte ist, und Neid ist erpicht auf Anlässe für Geringschätzung.
Daß die Südländer schmutzig sind, das ist eine Hoffnung, dann sind wir, wenn wir in dieser Welt nicht singen, dafür wenigstens sauberer; aber nicht einmal diese Hoffnung bestätigt sich ohne weiteres: Ein Landarzt versichert mir, daß die Italiener, im Gegensatz zu den einheimischen Kunden, mit gewaschenen Füßen kommen.

Max Frisch

Partnerschaft

Nur in der Gemeinschaft stehend können wir allein sein, und nur wer allein ist, kann in der Gemeinschaft leben.

Dietrich Bonhoeffer

Es kann nur um den Versuch gehen, Formen des gesellschaftlichen Lebens im Miteinander zu finden, in denen die Beziehungslosigkeit überwunden wird, ohne daß die persönliche Identität verloren geht.

Alexander Mitscherlich

Wer ist denn schon Apollos oder Paulus, daß ihr euch deshalb streitet? Wir sind doch nur Diener Gottes, durch die ihr zum Glauben gekommen seid. Jeder von uns hat lediglich getan, was ihm von Gott aufgetragen wurde. Ich habe gepflanzt, Apollos hat begossen, aber Gott hat euern Glauben wachsen lassen. Es ist nicht so wichtig, wer pflanzt und wer begießt; wichtig ist allein Gott, der euern Glauben wachsen läßt. Von Gottes Mitarbeitern ist einer so notwendig wie der andere, ob er nun das Werk beginnt oder weiterführt. Jeder muß darauf achten, daß er wirklich sorgfältig arbeitet.

1. Korinther 3,5–11

Wir müssen zwei voneinander untrennbare Hauptprobleme lösen: das ökonomische Problem, wie wir das zum Leben Notwendige produzieren und verteilen, und das politische Problem, wie wir diejenigen auswählen, die uns regieren und wie wir sie daran hindern, ihre Macht in ihrem eigenen Interesse oder in dem ihrer Klasse oder Religion zu mißbrauchen.

George Bernhard Shaw

Albert Einstein wurde am Nachmittag oft von einem Mädchen aus der Nachbarschaft besucht. Die Mutter des Kindes entschuldigte sich eines Tages bei dem Nobelpreisträger wegen der Belästigung, wie sie meinte, aber der erwiderte freundlich: „Keine Ursache, wir verstehen uns ausgezeichnet. Ich schätze es, daß sie mir saure Drops mitbringt, und sie schätzt es, daß ich ihre Mathematikaufgaben mache."

Ein Blinder und ein Lahmer wurden von einem Waldbrand überrascht. Sie gerieten in schreckliche Not und bangten um ihr Leben. Beide hatten panische Angst vor dem Feuer. Der Blinde rannte in seiner Verzweiflung direkt auf den Brandherd zu. Da schrie ihm der Lahme nach: „Halt! Bleib stehen! Du rennst ja mitten ins Verderben. Ich könnte dir den Weg zeigen, der dir Rettung bringt. Da ich aber lahm bin, ist das nur möglich, wenn du mich auf deine Schultern hebst und mich trägst. Dann kann ich dir besser zeigen, wohin du eilen mußt, um dem Feuer zu entkommen. Ich könnte dir auch helfen, Schlangen und Dornenhecken auszuweichen." Der Blinde folgte dem Rat des Lahmen, nahm ihn auf seine Schultern und so flohen sie gemeinsam vor dem Feuer.

Herr, hilf uns, unsere Waffen abzulegen:
die scharfen Worte, die bösen Blicke,
die verletzende Sprache, die giftigen Angriffe,
die lähmende Überheblichkeit,
das erdrückende Kraftprotzen,
die atemberaubenden Frechheiten, den beißenden Spott
und all das, womit wir sonst den täglichen Kleinkrieg führen.
Herr, gib deinen Frieden hinein in unsere Sprache,
in unsere Blicke, in unsere Hände und Füße,
in unseren Intellekt, in unsere Phantasie,
in unser Herz. Amen.

Ruth Rau

Geschenk

Der Frieden ist ein Geschenk Gottes,
den Menschen anvertraut.

Sie beschlossen ein Modernisierungsprogramm.
Rentabler sei es, wenn die neuen Panzer
auch auswärts breiten Absatz fänden,
rieten die Herren Direktoren.
Politiker erklärten vor der Presse:
So sichern wir nicht nur den Frieden.
Wir sorgen auch für Arbeit und Brot.

Drei Jahre später klagt der Minister für das Äuß're,
ein neuer Spannungsherd sei nun in Übersee entstanden.
Das sei beunruhigend und Anlaß,
die eigenen Bemühungen um Sicherheit
nach außen zu verstärken.
Der Herr Verteidigungsminister,
der pflichtet ihm schnell bei:
Es sei nun endlich an der Zeit,
die alten Panzer auszumustern.
Die neue Generation muß her.
Und die Gelegenheit sei ausgesprochen günstig:
Für unsre alten Panzer gibt es Interessenten.

Nur wenige Wochen vergehen,
ein Krieg bricht aus in Übersee.
Auf beiden Seiten rollen die Panzer,
die alten und die neuen.

Und der Minister für Entwicklungshilfe
verabschiedet am Flugplatz ein Ärzte-Team,
das dort im fernen Kriegsgebiet
zivilen Opfern erste Hilfe leisten soll.
Das Fernsehen zeigt, wie jene Herren Direktoren
dem Ärzte-Team die Hände schütteln
und das Geschenk des Vorstands überreichen:
einen Sanitätskraftwagen mit dem roten Kreuz.

Jo Krummacher

Ich habe auch Durst, sagte der kleine Prinz, suchen wir einen Brunnen. Ich machte eine Gebärde der Hoffnungslosigkeit: Es ist sinnlos, auf gut Glück in der Endlosigkeit der Wüste einen Brunnen zu suchen. Dennoch machten wir uns auf den Weg. Während ich so mit ihm weiterging, entdeckte ich bei Tagesanbruch den Brunnen. Ich habe Durst nach diesem Wasser, sagte der kleine Prinz, gib mir zu trinken. Ich verstand, was er gesucht hatte. Ich hob den Kübel an seine Lippen. Er trank mit geschlossenen Augen. Das war süß wie ein Fest. Dieses Wasser war etwas ganz anderes als ein Trunk. Es war entsprungen aus dem Marsch unter den Sternen. Es war gut fürs Herz, wie ein Geschenk.

Antoine de Saint-Exupéry

Ein König sollte folgendes Urteil unterschreiben: „Gnade unmöglich, im Gefängnis lassen!" Ihm kam das Urteil zu hart vor, weil er an die Zukunft des Mannes und seiner Familie dachte. Er änderte das Urteil um: „Gnade, unmöglich im Gefängnis lassen!" Durch eine Kommaverschiebung wurde der Mann freigelassen.

Petrus und Johannes gingen hinauf in den Tempel. Und es wurde ein Mann herbeigetragen, lahm von Mutterleibe; den setzte man täglich vor die Tür des Tempels, damit er um Almosen bettelte bei denen, die in den Tempel gingen. Als er nun Petrus und Johannes sah, wie sie in den Tempel hineingehen wollten, bat er um ein Almosen. Petrus aber blickte ihn an mit Johannes und sprach: Sieh uns an! Und er sah sie an und wartete darauf, daß er etwas von ihnen empfinge. Petrus aber sprach: Silber und Gold habe ich nicht; was ich aber habe, das gebe ich dir: Im Namen Jesu Christi von Nazareth steh auf und geh umher!

Apostelgeschichte 3,1–6

Auferstehung

Vielen genügt es, die Auferstehung Jesu Christi in den Büchern stehen zu lassen, aber sie machen nichts daraus für ihr Leben.

Christoph Blumhardt

Ach, fragt nicht nach der Auferstehung,
ein Märchen aus uralten Zeiten.
Das kommt dir schnell aus dem Sinn.
Ich höre denen zu,
die mich austrocknen und kleinmachen,
ich richte mich ein
auf die langsame Gewöhnung ans Totsein
in der geheizten Wohnung,
den großen Stein vor der Tür.
Ach, frag du mich nach der Auferstehung!
Ach, hör nicht auf, mich zu fragen!

Dorothee Sölle

Jesus sagte zu Marta: Dein Bruder wird auferstehen. Marta sagte zu ihm: Ich weiß, daß er auferstehen wird bei der Auferstehung am Letzten Tag. Jesus erwiderte ihr: Ich bin die Auferstehung und das Leben. Wer an mich glaubt, wird leben, auch wenn er stirbt, und jeder, der lebt und an mich glaubt, wird auf ewig nicht sterben. Glaubst du das? Marta antwortete ihm: Ja, Herr, ich glaube, daß du der Messias bist, der Sohn Gottes, der in die Welt kommen soll.

Johannes 11,23–27

Vom Hupfinger Alois ist eine Todesanzeige erschienen. Er lebt aber noch und ruft seinen Freund an: „Hast mei Todesanzeige glesen?" „Freili", antwortet der Freund, „von wo sprichst denn?"

das könnte manchen herren so passen
wenn mit dem tode alles beglichen
die herrschaft der herren die knechtschaft der knechte
bestätigt wäre für immer
das könnte manchen herren so passen
wenn sie in ewigkeit herren blieben im teuren privatgrab
und ihre knechte knechte in billigen reihengräbern
aber es kommt eine auferstehung
die anders ganz anders wird als wir dachten
es kommt eine auferstehung
die ist der aufstand gottes gegen die herren
und gegen den herrn aller herren: den tod

Kurt Marti

Unsere christliche Existenz besteht darin, daß wir ständig das Ostergeheimnis leben: kleine Tode, einer nach dem anderen, gefolgt von Ansätzen einer Auferstehung. Hier liegt der Ursprung des Festes. Von nun an stehen alle Wege offen.

Frère Roger

Der Mensch, das Leben, die Welt werden gelingen,
wenn sie jeden Tag durchdrungen werden
von der Liebe Jesu Christi.
Schon heute werden sie verwandelt sein,
morgen werden sie auferstehen.

Michel Quoist

Jubel

Dort werden wir schauen, schauen und lieben,
am Ende lieben und loben ohne Ende.

Augustinus

Ein ganz gewöhnlicher Abend,
wie Abende eben so sind.
Und doch ist da etwas Besondres,
ein seltsames Flüstern im Wind.

Ich sitze und lausche den Grillen
und öffne die Augen, den Mund.
Trink mich an all den Gerüchen,
Geräuschen und Farben gesund.

Und laufe hinaus in die Heide
und werf mich der Länge nach hin.
Ich möchte jubeln und schreien
und danken dafür, daß ich bin.

Ingo Barz

Ulrike kommt strahlend aus der Schule. Sie kann es noch gar
nicht fassen: Endlich hat sie eine Vier im Diktat geschrieben,
eine glatte, runde, richtige Vier! Endlich hat ihr vieles Üben
einen Sinn gehabt und Erfolg gebracht! Ulrike ist so stolz! Nur
schnell nach Hause! Sie muß es gleich Mutter sagen, ganz
schnell, damit die sich mitfreuen kann. Ulrike rennt und ha-
stet nach Hause. Mutter steht im Garten und unterhält sich
mit der Nachbarin. Da kann es Ulrike nicht mehr für sich be-
halten. „Mutti!" ruft sie schon an der Gartentür, „Mutti, ich
habe eine Vier im Diktat, eine richtige Vier!"

Gisela Schütz

Jauchzt vor Gott, alle Länder der Erde!
Spielt zum Ruhm seines Namens!
Verherrlicht ihn mit Lobpreis!
Sagt zu Gott:
„Wie ehrfurchtgebietend sind deine Taten;
vor deiner gewaltigen Macht
müssen die Feinde sich beugen."
Alle Welt bete dich an und singe dein Lob,
sie lobsinge deinem Namen!
Kommt und seht die Taten Gottes!
Staunenswert ist sein Tun an den Menschen:
Er verwandelte das Meer in trockenes Land,
sie schritten zu Fuß durch den Strom;
dort waren wir über ihn voll Freude.
In seiner Kraft ist er Herrscher auf ewig;
seine Augen prüfen die Völker.
Die Trotzigen können sich gegen ihn nicht erheben.
Preist unseren Gott, ihr Völker;
laßt laut sein Lob erschallen!
Er hielt uns am Leben
und ließ unseren Fuß nicht wanken.
Du hast, o Gott, uns geprüft
und uns geläutert, wie man Silber läutert.
Du brachtest uns in schwere Bedrängnis
und legtest uns eine drückende Last auf die Schulter.
Du ließest Menschen über unsere Köpfe schreiten.
Wir gingen durch Feuer und Wasser.
Doch du hast uns in die Freiheit hinausgeführt.

Psalm 66, 1–12

Schöpfung
bewahren

Betrachten

In der Hoffnung, den Mond zu erreichen,
vergißt der Mensch, die Blumen zu betrachten,
die zu seinen Füßen blühen.

Albert Schweitzer

In einer der üblichen
Konferenzen, die irgendeine
mehr oder minder bedeutsame
Institution aus welchen Gründen
auch immer für wichtig erachtet
und wo sich – alles in allem –
nicht einmal gar nichts bewegt,

kroch mir, wie ich da saß, ein
Marienkäferchen über den Ärmel,
wagte sich dann hinab auf den
Tisch und entschloß sich sogar,
dort ein Papier (eine riesige
Fläche für dieses winzige Wesen)
zu überqueren. Schwarz und rot,
somit selber gepunktet, lief es
hinweg über sämtliche Punkte
der Tagesordnung, ohne denselben
weiter Beachtung zu schenken.

Käferchen, denk' ich, liebes
Mariechen, wie schön, daß du
lebst, und ich darf es wohl auch:
leben, mein' ich, trotz allem.
Doch schau: Jetzt entfaltet's
zur Probe die Flügel, und
schon fliegt's davon, dieses
winzige Wunder des Lebens an
diesem ganz gewöhnlichen Tag.

Lothar Zenetti

Ein Mensch wird „Pessimist" geschmäht,
der düster in die Zukunft späht.
Doch scheint dies Urteil wohl zu hart:
Die Zukunft ists, die düster starrt.

Eugen Roth

Ein Philosoph fragte den heiligen Antonius: „Vater, woher
nehmt Ihr die Begeisterung, da Euch der Trost aus Büchern
versagt ist?" Er antwortete: „Mein Buch ist die Natur der ge-
schaffenen Dinge, und sooft ich das Wort Gottes lesen will,
habe ich es unmittelbar vor Augen."

Weisheit christlicher Wüstenmönche

Lobe den Herrn, meine Seele! Du läßt die Quellen hervor-
sprudeln in den Tälern, sie eilen zwischen den Bergen dahin.
Allen Tieren des Feldes spenden sie Trank, die Wildesel stillen ihren Durst daraus. An den Ufern wohnen die Vögel des
Himmels, aus den Zweigen erklingt ihr Gesang. Du tränkst
die Berge aus deinen Kammern, aus deinen Wolken wird die
Erde satt. Du läßt Gras wachsen für das Vieh, auch Pflanzen
für den Menschen, die er anbaut, damit er Brot gewinnt von
der Erde und Wein, der das Herz des Menschen erfreut.
Herr, wie zahlreich sind deine Werke! Mit Weisheit hast du sie
alle gemacht, die Erde ist voll von deinen Geschöpfen.

Psalm 104,1–24 (in Auswahl)

Man kann einen seligen, seligsten Tag haben, ohne etwas
anderes dazu zu gebrauchen als blauen Himmel und grüne
Frühlingserde.

Jean Paul

Erkennen

Der Mensch braucht die Naturwissenschaften zum Erkennen und den Glauben zum Handeln.

Max Planck

Nehmt euch in acht vor denen, die falsche Lehren verbreiten! Wie man einen Baum an seiner Frucht erkennt, so erkennt man auch sie an ihrem Tun und Treiben. Weintrauben kann man nicht von Dornbüschen und Feigen nicht von Disteln ernten.
Ein guter Baum bringt gute Früchte und ein kranker Baum schlechte. Ein guter Baum wird keine schlechten Früchte tragen, genausowenig wie ein kranker Baum gute Früchte hervorbringt. Jeder Baum, der keine guten Früchte bringt, wird umgehauen und verbrannt. Ebenso werdet ihr auch einen Menschen an seinen Taten erkennen.

Matthäus 7,15–20

Wir sind gefangen in dieser Welt.
Wir machen uns zu Gefangenen.
Wir sind tot in dieser Welt.
Wir selbst haben uns getötet.
Wir sind Sklaven in dieser Welt.
Wir sind Sklaven unseres Wohlstands.
Wir suchen in dieser Welt.
Wir suchen die Lösung aber am falschen Ort.
Wir betonieren alles zu in dieser Welt.
Wir betonieren unser Leben.
Wir zerstören unsere Natur in dieser Welt.
Wir zerstören unser Dasein.

Beat Rusterholz

Der Alte Fritz fragte bei der Inspektion einer Schule einen Jungen, wo Potsdam liege. „In Preußen, Majestät!" Und Preußen? „In Deutschland, Majestät!" Und Deutschland? „In Europa, Majestät!" Und Europa? „In der Welt, Majestät!" Und die Welt? Der Kleine stutzte einen Augenblick, dann wußte er es: „Die Welt liegt im argen!"

Woher wüßten wir, wie wir leben sollen, wenn wir nicht an etwas glaubten, das größer ist als wir? Wer würde uns lehren zu leben? Wer sagt dem Baum, wann die Zeit da ist, seine kleinen Blätter auszutreiben? Wer sagt diesen Drosseln da, daß es warm geworden ist und sie wieder nach Norden fliegen können? Vögel und Bäume hören auf etwas, das weiser ist als sie, von sich aus würden sie es niemals wissen.

Chiparopai, eine Yuma-Indianerin

Je tiefer man die Schöpfung erkennt,
um so größere Wunder entdeckt man in ihr.

Martin Luther

Früher, als ich unerfahren
und bescheidner war als heute,
hatten meine höchste Achtung
andere Leute.
Später traf ich auf der Weide
außer mir noch mehr're Kälber,
und nun schätz ich, sozusagen,
erst mich selber.

Wilhelm Busch

Beunruhigen

Die Tragödie des Menschen besteht nicht darin, daß er im Grunde immer weniger über den Sinn des eigenen Lebens weiß, sondern daß ihn das immer weniger beunruhigt.

Václav Havel

In den Bunkern tief unter dem Pfälzer Wald
Atomsprengköpfe.
Umweltfreundliche Verpackung.

Burkhard Jahn

Der Tod ist kein Reiter auf schwarzem Pferd
und nicht mehr das alte Gerippe.
Er braucht keine Geißel, er schwingt kein Schwert,
er trägt nicht Kapuze noch Hippe.
Der Tod fährt im Auto bei leiser Musik,
wenn draußen die Nebel brauen.
Er blickt auf die Uhr und lehnt sich zurück:
Er kann seinem Zeitplan vertrauen.
Der Tod liegt als Glocke über der Stadt
aus Smog und giftigen Gasen.
Du siehst an den Bäumen kein grünes Blatt,
und die Blume vergilbt auf dem Rasen.
Der Tod gibt sich gerne für fortschrittlich aus:
Wenn wir glauben, es ginge uns besser,
kocht er im Labor seine Süppchen aus
und schüttet sie in die Gewässer.
Wohin wir auch rennen, der Tod ist schon da,
wie die Igel den Hasen jagen.
Und wer's noch nicht hörte, und wer's noch nicht sah:
Die Fische können's ihm sagen.

Michael Ende

„Du bist nicht schnell genug! Er arbeitet exakter.
Du hast einmal im Jahr die Grippe.
Er ist garantiert zwei Jahre wartungsfrei.
Du gehst nach acht Stunden nach Hause.
Er kann Tag und Nacht arbeiten.
Du störst einfach den Produktionsprozeß!"
sagte mein Chef – und –
schaltete den neuen Kollegen
mit einem Knopfdruck an!

Karl-Heinz Stoll

Eines Tages stieg Jesus mit seinen Jüngern in ein Boot und
sagte zu ihnen: „Wir fahren ans andere Ufer!" Unterwegs
schlief Jesus ein. Plötzlich kam ein Sturm auf. Das Wasser
schlug ins Boot, und sie waren in großer Gefahr. Die Jünger
weckten Jesus und riefen: „Herr, Herr, wir gehen unter!" Er
stand auf und bedrohte den Wind und die Wellen. Da hörten
sie auf zu toben, und es wurde ganz still.
Dann sagte er zu seinen Jüngern: „Wo ist euer Vertrauen?"
Sie waren erschrocken und sehr erstaunt und sagten zuein-
ander: „Was ist das für ein Mensch? Er befiehlt dem Wind
und den Wellen, und sie gehorchen ihm!"

Lukas 8,22–25

Als der Kirchturmhahn
sein jahrelanges Schweigen
unterbrach und plötzlich
krähte,
staunten die Leute:
Nanu, was soll das?
Als er zum drittenmal
krähte,
waren sie's gewohnt.

Rudolf Otto Wiemer

Gestalten

Wir suchen den Zeitpunkt nicht aus,
zu dem wir die Welt betreten,
aber gestalten können wir sie.

Gioconda Belli

Gott segnete sie und sprach zu ihnen: Seid fruchtbar und
mehret euch und füllet die Erde und machet sie euch unter-
tan und herrschet über die Fische im Meer und über die Vögel unter dem Himmel und über das Vieh und über alles Ge-
tier, das auf Erden kriecht.
Und Gott sprach: Sehet da, ich habe euch gegeben alle
Pflanzen, die Samen bringen, auf der ganzen Erde, und alle
Bäume mit Früchten, die Samen bringen, zu eurer Speise.
Aber allen Tieren auf Erden und allen Vögeln unter dem Himmel und allem Gewürm, das auf Erden lebt, habe ich alles
grüne Kraut zur Nahrung gegeben.
Und es geschah so. Und Gott sah an alles, was er gemacht
hatte, und siehe, es war sehr gut.

1. Mose 1,28–31

Der Geist, der die Erde gestaltet, ist der gleiche,
der durch uns Kunstwerke schafft.

Jetzt aber, in der Zeit des kargen Brotes und des gestörten
Lebens bedroht uns unsere eigene Stummheit. Wir müssen
uns selber ein Gesicht und eine Gestalt geben, indem wir
jede und jeder für sich und öffentlich bekunden, wer wir sind
und worauf wir vertrauen. Gebet, Gottesdienst, Bibellesen,
den Tag und das Jahr mit den Zeichen unserer Hoffnung
markieren – das ist unerläßlich in einer Zeit, in der das Brot
der Hoffnung knapp ist.

Fulbert Steffensky

Wer gestern ein Schuft war, kann heute sich ändern.
Wer gestern versagt hat, kann heute was tun.
Wer gestern geschwiegen, schreit heut von den Dächern.
Wer gestern schon tot war, lebt heut durch sein Wort.

Kurtmartin Magiera

In gewissem Grad sind wir wirklich das Wesen, das die andern in uns hineinsehen, Freunde wie Feinde. Und umgekehrt! Auch wir sind die Verfasser der andern; wir sind auf eine heimliche und unentrinnbare Weise verantwortlich für das Gesicht, das sie uns zeigen, verantwortlich nicht für ihre Anlage, aber für die Ausschöpfung dieser Anlage.

Max Frisch

Wer seine Person gestaltet, dessen Leben wird wahr.
Wer die Welt gestaltet, dessen Leben wird weit.

Laotse

Eine winzig kleine Blume von irgendeinem wilden Wegrain, die Schale einer kleinen Muschel am Strand, die Feder eines Vogels – das alles verkündet dir, daß der Schöpfer ein Künstler ist.

Tertullian

Vier Wochen lang war der Beamte im Dorf tätig. Am ersten Tag hatte er beim Schneider eine Hose bestellt; am letzten war sie noch nicht fertig.
Sechs Jahre später kam er wieder. Strahlend brachte der Schneider ihm das Beinkleid. „Was?" rief der Beamte. „Jetzt bringst du die Hose? Gott hat die ganze Welt in sechs Tagen geschaffen!"
Liebevoll strich der Meister über sein Werk: „Herr, schaut euch an die Hose! Und schaut euch an die Welt!"

Pflanzen

Wir pflügen und wir streuen den Samen auf das Land,
doch Wachstum und Gedeihen steht in des Himmels Hand.

Matthias Claudius

Man streue nur gute Körner aus
und sorge nicht, was aus ihnen wird.
Irgendwo gehen sie auf,
und wenn es im stillsten Winkel wäre.

Theodor Fontane

Die Elenden und Armen suchen Wasser, und es ist nichts da,
ihre Zunge dorrt vor Durst. Aber ich, der Herr, will sie erhören; ich, der Gott Israels, will sie nicht verlassen. Ich will Was-
serbäche auf den Höhen öffnen und Quellen mitten auf den
Feldern und will die Wüste zu Wasserstellen machen und
das dürre Land zu Wasserquellen.
Ich will in der Wüste wachsen lassen Zedern, Akazien, Myrten
und Olbäume; ich will in der Steppe pflanzen miteinander
Zypressen, Buchsbaum und Kiefern, damit man zugleich
sehe und erkenne und merke und verstehe: Des Herrn Hand
hat dies getan, und der Heilige Israels hat es geschaffen.

Jesaja 41,17–20

Der Same, den die reife Dattel in ihrem Herzen birgt, umfaßt
das Geheimnis der Palme vom Anbeginn der Schöpfung.

Kahlil Gibran

Sind so kleine Hände, winzge Finger dran.
Darf man nie drauf schlagen, die zerbrechen dann.

Sind so kleine Füße mit so kleinen Zehn.
Darf man nie drauf treten, könn sie sonst nicht gehn.

Sind so kleine Ohren, scharf, und ihr erlaubt.
Darf man nie zerbrüllen, werden davon taub.

Sind so schöne Münder, sprechen alles aus.
Darf man nie verbieten, kommt sonst nichts mehr raus.

Sind so klare Augen, die noch alles sehn.
Darf man nie verbinden, könn sie nichts verstehn.

Sind so kleine Seelen, offen und ganz frei.
Darf man niemals quälen, gehn kaputt dabei.

Ist son kleines Rückgrat, sieht man fast noch nicht.
Darf man niemals beugen, weil es sonst zerbricht.

Grade, klare Menschen wärn ein schönes Ziel.
Leute ohne Rückgrat hab'n wir schon zuviel.

Bettina Wegner

Wenn du ein Schiff bauen willst, so trommle nicht Leute zusammen, um Holz zu beschaffen, Werkzeuge vorzubereiten,
Aufgaben zu vergeben und die Arbeit einzuteilen, sondern
wecke in ihnen die Sehnsucht nach dem weiten, endlosen
Meer.

Antoine de Saint-Exupéry

Üben

Üben heißt: endlos von neuem anfangen.

Ein junger Mann klagte einem Eremiten sein Leid: „Ich lese viele heilige Texte, ich vertiefe mich in die Schönheit der Worte und möchte sie in mir bewahren. Aber es gelingt mir nicht, ich vergesse alles. Ist nicht die mühevolle Arbeit des Lesens ganz umsonst?"

Der Eremit hörte ihm gut zu. Danach ließ er ihn einen schmutzverkrusteten Korb aufnehmen, der neben der Hütte stand: „Hol mir aus dem Brunnen dort Wasser", sagte er. Widerwillig tat der Mann, wie ihm geheißen.

Das Wasser war längst herausgerieselt, als er zurückkehrte. „Geh noch einmal", sagte der Eremit. Der junge Mann folgte. Ein drittes und viertes Mal mußte er gehen. Der Alte prüft meinen Gehorsam, ehe er meine Frage beantwortet, dachte er. Immer wieder füllte er Wasser in den Korb, immer wieder rann es zu Boden. Nach dem zehnten Mal durfte er endlich aufhören.

„Sieh den Korb an", sagte der Eremit. „Er ist ganz sauber", sagte der junge Mann. „So geht es dir mit den Worten, die du liest und bedenkst", sagte der Eremit. „Du kannst sie nicht festhalten, sie gehen durch dich hindurch, und du hältst die Mühe für vergeblich. Aber ohne daß du es bemerkst, klären sie deine Gedanken und machen das Herz rein."

Als ein Mann, dessen Ehe nicht gut ging, seinen Rat suchte, sagte der Meister: „Du mußt lernen, deiner Frau zuzuhören." Der Mann nahm sich diesen Rat zu Herzen, kam nach einem Monat zurück und sagte, er habe gelernt, auf jedes Wort, das seine Frau sprach, zu hören.

Da sagte der Meister mit einem Lächeln: „Nun geh nach Hause und höre auf jedes Wort, das sie nicht sagt."

Ich will bei der Wahrheit bleiben.
Ich will mich keiner Ungerechtigkeit beugen.
Ich will frei sein von Furcht.
Ich will keine Gewalt anwenden.
Ich will in jedem zuerst das Gute sehen.

Mahatma Gandhi

An der Haltestelle Kurfürstendamm steht ein junger Mann, unterm Arm einen schwarzen Kasten mit der Flöte. Als der Bus hält, fragt er den Fahrer: „Wie komme ich zur Philharmonie?" und erhält die Antwort: „Üben, Männeken, üben!"

Alles, was Gott geschaffen hat, ist gut.
Wenn du, lieber Timotheus, der Gemeinde das alles so weitergibst, bist du ein guter Diener Jesu Christi. Du lebst nach dem Wort des Glaubens und richtest dich nach der wahren Lehre, zu der du dich schon immer bekannt hast. Gib dich nicht mit dem gottlosen Geschwätz dieser falschen Prediger ab, sondern setze deine ganze Zeit und Kraft dafür ein, Gott immer besser zu dienen.
Wie ein Asket zu leben, ist ganz gut und schön, aber sich im Gehorsam gegen Gott zu üben, ist in jedem Fall besser. Denn damit werden wir dieses und das zukünftige Leben gewinnen. Das ist unumstößlich wahr, darauf dürfen wir fest vertrauen. Für nichts anderes arbeiten und kämpfen wir. Auf Gott allein haben wir unsere Hoffnung gesetzt, auf den lebendigen Gott. Er ist der Retter für alle Menschen, wenn sie nur an ihn glauben. Das alles sollst du jedem in der Gemeinde klarmachen.

1. Timotheus 4,4–11

Achten

Achte nicht nur auf das, was andere tun,
sondern auch auf das, was sie unterlassen.

Ein ruhiges Haus, sagen Sie? Ja, jetzt ist es ein ruhiges Haus.
Aber noch vor kurzem war es die Hölle. Über uns und unter
uns Familien mit kleinen Kindern, stellen Sie sich das vor.
Das Geheul und Geschrei, die Streitereien, das Trampeln
und Scharren der kleinen, zornigen Füße.
Zuerst haben wir nur den Besenstiel gegen den Fußboden
und gegen die Decke gestoßen. Als das nichts half, hat mein
Mann telefoniert. Ja, entschuldigen Sie, haben die Eltern gesagt, die Kleine zahnt, oder die Zwillinge lernen gerade laufen. Natürlich haben wir uns mit solchen Ausreden nicht zu-
friedengegeben.
Mein Mann hat sich beim Hausmeister beschwert, jede Woche einmal, dann war das Maß voll. Der Hauswirt hat den
Leuten oben und den Leuten unten Briefe geschrieben und
ihnen mit der fristlosen Kündigung gedroht.
Danach ist es gleich besser geworden. Die Wohnungen hier
sind nicht allzu teuer, und diese jungen Ehepaare haben gar
nicht das Geld, umzuziehen.
Wie sie die Kinder zum Schweigen gebracht haben? Ja, genau weiß ich das auch nicht. Ich glaube, sie binden die jetzt
an den Bettpfosten fest, so daß sie nur kriechen können. Das
macht weniger Lärm. Wahrscheinlich bekommen sie starke
Beruhigungsmittel. Sie schreien und juchzen nicht mehr,
sondern plappern nur noch vor sich hin, ganz leise, wie im
Schlaf.
Jetzt grüßen wir die Eltern wieder, wenn wir ihnen auf der
Treppe begegnen. Wie geht es den Kindern, fragen wir so-
gar. Gut, sagen die Eltern. Warum sie dabei Tränen in den
Augen haben, weiß ich nicht.

Marie Luise Kaschnitz

86

Unter den Jüngern kam die Frage auf, wer von ihnen der Größte sei. Jesus wußte, was in ihrem Herzen vorging. Deshalb nahm er ein Kind, stellte es neben sich und sagte zu ihnen: Wer dieses Kind um meinetwillen aufnimmt, der nimmt mich auf; wer aber mich aufnimmt, der nimmt den auf, der mich gesandt hat. Denn wer unter euch allen der Kleinste ist, der ist groß.

Lukas 9,46–48

Wronke, den 23.5.1917
Meine Mutter, die, nebst Schiller, die Bibel für der höchsten Weisheit Quell hielt, glaubte steif und fest, daß König Salomo die Sprache der Vögel verstand. Ich lächelte damals mit der ganzen Überlegenheit meiner 14 Jahre und einer modernen naturwissenschaftlichen Bildung über diese mütterliche Naivität. Jetzt bin ich selbst wie König Salomo: Ich verstehe auch die Sprache der Vögel und der Tiere. Natürlich nicht, als ob sie Menschenworte gebrauchten, sondern ich verstehe die verschiedenen Nuancen und Empfindungen, die sie in ihre Laute legen.

Rosa Luxemburg

Eines Tages kam der Rabbi von Krakau in das Zimmer, wo sein Sohn im tiefen Gebet versunken war. In der Ecke stand eine Wiege mit einem weinenden Kind.
Der Rabbi sagte seinem Sohn: „Hörst du nicht, daß das Kind weint?"
Der Sohn sagte: „Vater, ich war in Gott versunken."
Da sagte der Rabbi: „Wer in Gott versunken ist, sieht sogar die Fliege, die auf der Wand kriecht."

Bewahren

Du bist zeitlebens für das verantwortlich,
was du dir vertraut gemacht hast.

Antoine de Saint-Exupéry

Wohl dem, der sich des Schwachen annimmt! Den wird der
Herr erretten zur bösen Zeit. Der Herr wird ihn bewahren und
beim Leben erhalten und es ihm lassen wohlgehen auf Erden
und ihn nicht preisgeben dem Willen seiner Feinde. Der Herr
wird ihn erquicken auf seinem Lager; du hilfst ihm auf von
aller seiner Krankheit.

Psalm 41,2–4

ZWEITES LIED FÜR DIE ERDE

Laßt uns singen für die Erde,
daß sie nicht durch Gifte oder Waffen
freventlich und blind vernichtet werde.
Du, o Gott, hast sie geschaffen!
Laßt uns bitten, daß die Erde,
die du uns zur Pflege hast gegeben,
unsre Kinder noch erfreuen werde.
Jesus ließ für sie sein Leben!
Laßt uns kämpfen für die Erde,
daß der Mensch für ihre Pflanzen, Tiere
statt zum Fluch zu einem Segen werde.
Gott, dein Geist uns treib und führe!
Laßt uns tanzen auf der Erde
und von Herzen der Verheißung trauen,
daß sie einmal Gottes Reich noch werde,
wo wir Heil und Frieden schauen.

Kurt Marti

Der Lehrer fragt Moritz: „Wer war die Mutter des Mose?" „Die Prinzessin". „Nein, die Prinzessin war doch die Dame, die den Mose im Binsenkörbchen aus dem Wasser des Nil zog." Moritz zuckt die Achseln: „Sagt sie!"

Bemerke, wie die Tiere Gras abrupfen! So groß ihre Mäuler auch sein mögen, sie tun der Pflanze selbst nie etwas zuleide, sie entwurzeln sie niemals.
So handle auch der Mensch gegen alles, was Natur heißt, sein eigenes Geschlecht voran. Er verstehe die Kunst: vom Leben zu nehmen, ohne ihm zu schaden.

Christian Morgenstern

Es ist jetzt nicht die Zeit, um zu ernten.
Es ist auch nicht die Zeit, um zu säen.
An uns ist es, in winterlicher Zeit uns
eng um das Feuer zu scharen
und den gefrorenen Acker
in Treue geduldig zu hüten.
Andere vor uns haben gesät.
Andere nach uns werden ernten.
An uns ist es, in Kälte und Dunkelheit
beieinander zu bleiben und,
während es schneit, unentwegt
wachzuhalten die Hoffnung.
Das ist es.
Das ist uns aufgegeben
in winterlicher Zeit.

Lothar Zenetti

Herr, gib acht auf uns,
denn das Meer ist so groß
und unser Boot ist so klein.

Bretonisches Fischergebet

Pflegen

Befiehl du deine Wege und was dein Herze kränkt
der allertreusten Pflege des, der den Himmel lenkt.

Paul Gerhardt

Der Mensch gleicht einem Baum. Willst du dich vor einen
Baum stellen und unablässig spähen, wie er wachse und um
wieviel er schon gewachsen sei? Nichts wirst du sehen. Aber
pflege ihn alle Zeit, beschneide, was an ihm untauglich ist,
wehre seinen Schädlingen, zu guter Frist wird er groß geworden sein.
So der Mensch: Es tut nur not, die Hemmnisse zu bewälti-
gen, auf daß er zu seinem Wuchs gedeihe; aber ungezie-
mend ist es, allstündlich zu prüfen, um wieviel er schon zuge-
nommen habe.

Rabbi Uri

Ein Mensch pflegt seines Zimmers Zierde,
ein Rosenstöckchen, mit Begierde.
Gießts täglich, ohne zu ermatten,
stellts bald ins Licht, bald in den Schatten,
erfrischt ihm unentwegt die Erde,
vermischt mit nassem Obst der Pferde,
beschneidet sorgsam jeden Trieb –
doch schon ist hin, was ihm so lieb.
Leicht ist hier die Moral zu fassen:
Man muß die Dinge wachsen lassen.

Eugen Roth

Als Mutter Teresa, Engel der Ärmsten, am Straßenrand in
Kalkutta bei einem schmutzigen, sterbenden Mann kniete
und ihn pflegte, sagte ein amerikanischer Reporter zu ihr:
„Das würde ich nicht für 1000 Dollar tun." Sie erwiderte: „Ich
auch nicht."

Mein Freund hatte einen Weinberg auf einer fruchtbaren Höhe. Er grub ihn um und entfernte die Steine und bepflanzte ihn mit den edelsten Reben. Er baute mitten darin einen Turm und hieb eine Kelter darin aus. Dann hoffte er, daß der Weinberg süße Trauben brächte, doch er brachte nur saure Beeren.

Jesaja 5,1.2

Ulrich trifft seinen Vater bei einer ausgedehnten Autowäsche. „Weißt du", erklärt der Vater, „die anderen machen mir das nicht sorgfältig genug. Der Wagen ist für mich eine wertvolle Kapitalanlage. Da muß man selbst schon etwas Zeit und Mühe drauf verwenden."
„Bin ich eigentlich keine wertvolle Kapitalanlage?" fragt Ulrich. „Wieso?" „Weil du nie Zeit für mich hast."

Rechtschaffene, treue Nachbarn zu haben, ist eine der größten Gnaden auf Erden. Denn die können alles Gute tun, und mit ihnen ist der Friede besser befestigt, als wenn eine Stadt aller Welt Macht um sich hätte und mit lauter eisernen Mauern verwahrt würde.
Zu meinen, daß eine Herrschaft, die mit Gewalt erhalten werden muß, beständiger sei als eine, die durch Freundschaft beieinander bleibt, das halte ich für einen Irrtum. Man soll also Fleiß anwenden und sich so halten, daß uns unsere Nachbarn lieb haben und günstig sind.
Das hilft viel zum Leben.

Martin Luther

„Udo, wasch dir den Hals, wir bekommen Besuch!"
„Ja, aber wenn dann der Besuch im letzten Moment absagt, steh ich da mit'm gewaschenen Hals."

Reifen

Ein jedes Ding muß Zeit zum Reifen haben.

William Shakespeare

Jesus erzählte ein Gleichnis: Gottes Reich ist mit einem Bauern zu vergleichen, der gutes Saatgut auf sein Feld säte. Eines Nachts, als alles schlief, kam sein Feind, säte Unkraut zwischen den Weizen und schlich sich davon.
Als nun die Saat heranwuchs, ging auch das Unkraut auf. Da kamen die Arbeiter des Bauern und fragten ihn: „Hast du das Feld nicht mit gutem Samen bestellt? Woher kommt denn das Unkraut?"
„Das muß mein Feind dazwischengesät haben", antwortete der Bauer. „Sollen wir das Unkraut ausreißen?" fragten die Arbeiter.
„Nein, dabei würdet ihr ja den Weizen mit ausreißen. Laßt beides bis zur Ernte wachsen. Dann werde ich den Erntearbeitern befehlen: Sammelt zuerst das Unkraut ein und verbrennt es! Den Weizen aber bringt in meine Scheunen!"

Matthäus 13,24–30

Erst warte ich ganz langsam,
und dann wart ich immer schneller.

Karl Valentin

Ein Mann aus Sung war sehr betrübt, daß sein Korn nicht recht wachsen wollte. Er versuchte daher, die Halme selbst in die Höhe zu ziehen. Nach dieser Arbeit kam er ganz benommen heim und sagte zu seinen Leuten: „Ich bin sehr müde, ich habe meinem Korn geholfen zu wachsen."
Sein Sohn lief hinaus, um sich dies anzusehen, fand aber alle Halme verwelkt.

Mong Dse

Auf eine menschenwürdige Art alt zu werden und jeweils die unserem Alter zukommende Haltung oder Weisheit zu haben, ist eine schwere Kunst. Meistens sind wir mit der Seele dem Körper gegenüber voraus oder zurück, und zu den Korrekturen dieser Differenzen gehören jene Erschütterungen des inneren Lebensgefühls, jenes Zittern und Bangen an den Wurzeln, die uns je und je bei Lebenseinschnitten und Krankheiten befallen. Mir scheint, man darf ihnen gegenüber wohl klein sein und sich klein fühlen, wie Kinder durch Weinen und Schwäche hindurch am besten das Gleichgewicht einer Störung des Lebens wiederfinden.

Hermann Hesse

Wer morgens dreimal schmunzelt,
mittags nicht die Stirne runzelt,
abends singt, daß alles schallt,
der wird hundert Jahre alt.

Ich bin jetzt über 93 Jahre alt, also nicht gerade jung, jedenfalls nicht mehr so jung, wie ich mit neunzig war. Aber Alter ist überhaupt etwas Relatives. Wenn man weiter arbeitet und empfänglich bleibt für die Schönheit der Welt, die uns umgibt, dann entdeckt man, daß Alter nicht notwendigerweise Altern bedeutet, wenigstens nicht im landläufigen Sinne. Ich empfinde heute viele Dinge intensiver als je zuvor, und das Leben fasziniert mich immer mehr.

Pablo Casals

Ernten

Was der Mensch sät, das wird er ernten.

Galater 6,7

Seht eure Bäume an!
Den frühen Laubfall!
Leer ausgehen werden
bald die Herbste.
Jahresringe dunkeln,
wachsen nicht mehr.
Schleift einmal noch die Axt
für die allerletzte Ernte.
Und erzählt den Enkeln
das grüne Märchen.

Joachim Grünhagen

Wenn der Sommer vorbei ist und die Ernte in die Scheunen gebracht ist, wenn sich die Natur niederlegt wie ein ganz altes Pferd, das sich im Stall hinlegt, wenn der späte Nachsommer im Verklingen ist und der frühe Herbst noch nicht angefangen hat – dann ist die fünfte Jahreszeit. Nun ruht alles.
Die Natur hält den Atem an; an andern Tagen atmet sie unmerklich aus leise wogender Brust. Nun ist alles vorüber: Geboren ist, gereift ist, gewachsen ist, gelaicht ist, geerntet ist – nun ist es vorüber. Nun sind da noch die Blätter und die Gräser und die Sträucher, aber im Augenblick dient das zu gar nichts; wenn überhaupt in der Natur ein Zweck verborgen ist: Im Augenblick steht das Räderwerk still. Es ruht.

Kurt Tucholsky

Versprochene Beeren füllen die Körbe nicht.

Jesus erzählte ihnen eine Geschichte: Ein reicher Gutsbesitzer hatte eine besonders gute Ernte gehabt. „Was soll ich nur tun?" überlegte er. „Ich weiß nicht, wo ich alles unterbringen soll! Ich hab's", sagte er, „ich reiße meine Scheunen ab und baue größere! Dann kann ich das ganze Getreide und alle meine Vorräte dort unterbringen und kann zu mir selbst sagen: Gut gemacht! Jetzt bist du auf viele Jahre versorgt und kannst dir Ruhe gönnen! Iß und trink nach Herzenslust und genieße das Leben!"
Aber Gott sagte zu ihm: „Du Narr, noch in dieser Nacht mußt du sterben! Wem gehört dann dein Besitz?"

Lukas 12,16–20

Ich bin ehrgeizig und will Erfolg haben.
Ich will nicht zu kurz kommen,
sondern die Früchte meiner Arbeit sehen.
Aber du denkst anders, Herr.
Du mutest mir Brachland und Einöden zu.
Du läßt Begonnenes verdorren und Angelegtes verwehn.
Du hast ein anderes Maß für Saat und Ernte.
Schenke mir Geduld.

Heinz Günter Beutler

Das war des Sommers schönster Tag,
nun klingt er vor dem stillen Haus
in Duft und süßem Vogelschlag
unwiederbringlich leise aus.

In dieser Stunde goldnen Born
gießt schwelgerisch in roter Pracht
der Sommer aus sein volles Horn
und feiert seine letzte Nacht.

Hermann Hesse

Geben

Gib, indem du empfängst, und lerne im Geben empfangen.

Johann Kaspar Lavater

Während einer Hungersnot wurde dem Perserkönig Peros berichtet, in den reichsten Städten seines Reiches stürben Arme Hungers.
Eigenhändig schrieb er an jede Stadt im Reich: „Wo ein Armer in Euren Mauern Hungers stirbt, werde ich für den Armen einen Reichen einkerkern und Hungers sterben lassen." Niemand im Land starb mehr an Hunger. Denn nun teilten die Reichen mit den Armen ihren Überfluß.

Friedrich Rückert

Jesus sprach: Hütet euch davor, nur deshalb Gutes zu tun, damit die Leute euch bewundern. So könnt ihr von eurem Vater im Himmel keinen Lohn erwarten. Wenn du einem Armen etwas gibst, mach kein großes Gerede davon, wie es die Scheinheiligen tun. Sie reden davon in allen Gottesdiensten und an jeder Straßenecke. Sie wollen wegen ihrer Wohltätigkeit von allen gelobt werden. Das sage ich euch: Diese Leute haben ihren Lohn schon selbst einkassiert. Wenn du aber jemandem hilfst, dann soll deine linke Hand nicht wissen, was deine rechte tut; niemand soll davon erfahren. Dein Vater, der alles sieht, wird dich dafür belohnen.

Matthäus 6, 1–4

Ein Mensch erklärt voll Edelsinn,
er gebe notfalls alles hin.
Doch eilt es ihm damit nicht sehr -
denn vorerst gibt er gar nichts her.

Eugen Roth

Alle guten Gaben, alles, was wir haben,
kommt, o Gott, von dir. Wir danken dir dafür.

Ein älteres Ehepaar feierte nach langen Ehejahren das Fest der Goldenen Hochzeit. Beim gemeinsamen Frühstück dachte die Frau: „Seit fünfzig Jahren habe ich immer auf meinen Mann Rücksicht genommen und ihm immer das knusprige Oberteil des Brötchens gegeben. Heute will ich mir endlich diese Delikatesse selber gönnen." Sie schmierte sich das Oberteil des Brötchens und gab das andere Teil ihrem Mann.

Entgegen ihrer Erwartung war dieser hocherfreut, küßte ihre Hand und sagte: „Mein Liebling, du bereitest mir die größte Freude des Tages. Über fünfzig Jahre habe ich das Brötchen-Unterteil nicht mehr gegessen, das ich vom Brötchen am allerliebsten mag. Ich dachte mir immer, du solltest es haben, weil es dir so gut schmeckt."

Zwei arme Juden träumen vom großen Wunder. Der erste: „Wenn ich mir könnt wünschen, was ich möcht, möcht ich mir wünschen a großes Schloß mit drei Stockwerk, und in jedem Stockwerk fufzig Zimmer mit elegante Möbel, und a große Küche mit dem feinsten Personal, und Wagen und Pferd und ein großen Park mit uralte Bäum . . ."

Der zweite: „Und wenn du hättest a solches Schloß, tätest du mir geben von die vielen Zimmer a einziges für mich?" Der erste: „Nein." Der zweite: „Du wärst so reich und tätest mir nicht geben a einziges Zimmer? Warum?" Der erste: „Wünsch dir selber a Schloß!"

Klagen

Was sind das für Zeiten,
wo ein Gespräch über Bäume fast ein Verbrechen ist,
weil es ein Schweigen über so viele Untaten einschließt!

Bertolt Brecht

Wer hütet uns auf diesem Planeten?
Meine Seele möchte sich erquicken.
Frisches Wasser wird knapp.
Das finsterste Tal hat elektrisches Licht.
Gute Laune sendet das Fernsehprogramm.

Die Herren von Welt bugsieren behende
ihr Schäfchen ins Trockne,
versichern sich hoch und eilig gegen
Diebstahl, Unfall, Krankheit, Tod.
Indessen rückt näher die Hungerfront.

Üppig wird uns der Tisch gedeckt.
So werden wir Feinde bekommen.
Wer sich voll einschenkt, macht anderen Durst.
Wer wird im Weltgericht die Rechtsgüter wägen?
Wer wird wessen Anwalt sein?

Arnim Juhre

Der Mensch ist Herr.
Zu Lande.
Zu Wasser.
Und in der Luft.
Und nichts wird er verschonen.

Robert Muthmann

I müaßt helf'n. Ma müaßt helf'n. Ma müaßt drüber noch-
denk'n, wie ma helfa kannt. Ma müaßt drüber diskutier'n,
wie ma über's Helfa nochdenka kannt. Ma müaßt a Kommission einberuf'n, wo ma drüber diskutiert, wie ma über's Helfa
nochdenka kannt. Ma müaßt an Termin find'n für a Tagung,
wo ma sich klar wird, welche Leit in die Kommission nei-
kimma, in der ma diskutiert, wie ma über's Helfa nochdenka
kannt. – Ma müaßt, s' huilft nix, s' huilft eh nix mehr.

Helmut Zöpfl

Die Zeit der Pflanzen,
dann kam die Zeit der Tiere,
dann kam die Zeit der Menschen,
nun kommt die Zeit der Steine.
Wer die Steine reden hört, weiß,
es werden nur Steine bleiben.
Wer die Menschen reden hört, weiß,
es werden nur Steine bleiben.

Erich Fried

Mein Gott, mein Gott, warum hast du mich verlassen?
Warum hörst du nicht, wie ich schreie, warum bist du so
fern? Mein Gott, Tag und Nacht rufe ich um Hilfe, doch du
antwortest nicht und schenkst mir keine Ruhe.
Wer mich sieht, macht sich über mich lustig, verzieht den
Mund und schüttelt den Kopf: „Vertrau doch auf Gott! Der
kann dir ja helfen. Er läßt dich doch nicht im Stich! Bist du
nicht sein Liebling?"
Nun bleibe nicht fern, denn ich bin in Not! Niemand sonst
kann mir helfen! Sie zerfetzen mir die Hände und Füße. Alle
meine Rippen kann ich zählen; sie stehen dabei und gaffen
mich an. Bleib nicht fern von mir, Herr! Du bist mein Retter,
komm und hilf mir!

Psalm 22,2–20 (in Auswahl)

Erlösen

Erlöse uns von dem Bösen!

Matthäus 6,13

Ist es ein Drama, was sich abspielt
im Koma-Dunkel gar jahrelang?
Der Blutstrom unterkühlt,
leblos die Hand zum Heben,
sprachlos der Mund zum Flehen:
„Laßt mich doch gehen!"

Hier bleibst du
auf dein Sterbebett gebannt!
Technischer Fortschritt ist Garant
fürs Vegetieren im Niemandsland.
Die Apparate funktionieren.

Lieslotte Fißlake

Danket dem Herrn; denn er ist freundlich, und seine Güte
währet ewiglich. So sollen sagen, die erlöst sind durch den
Herrn, die er aus der Not erlöst hat, die er aus den Ländern
zusammengebracht hat von Osten und Westen, von Norden
und Süden.
Die irregingen in der Wüste, auf ungebahntem Wege, und
fanden keine Stadt, in der sie wohnen konnten, die hungrig
und durstig waren und deren Seele verschmachtete, die
dann zum Herrn riefen in ihrer Not, und er errettete sie aus
ihren Ängsten und führte sie den richtigen Weg, daß sie kamen zur Stadt, in der sie wohnen konnten:
Die sollen dem Herrn danken für seine Güte und für seine
Wunder, die er an den Menschenkindern tut.

Psalm 107,1–8

Viel zu wenig kenne ich die Bäume,
die vor meinem Fenster stehn und rauschen.
Viel zu selten baun sich meine Träume
Nester, um die Winde zu belauschen.
Und des Himmels Silberwolkenspiele
gehn vorüber, ohne mich zu trösten.
Ganz vergessen habe ich so viele
Wunder, die mir einst das Herz erlösten.

Ina Seidel

Wir bitten dich, Gott, für die,
die ihre Orientierung verloren haben,
für die, die ihre Habe verloren haben,
für die, die hier nichts verloren haben.
Du, Herr, verlierst die Verlierer nicht.

Johannes Winkel

Güte und Treue, wenn es so weit ist,
begegnen einander. So steht es geschrieben.
Gerechtigkeit und Friede, wenn es so weit ist:
Was werden sie tun?
Gerechtigkeit und Friede geben keine Erklärungen ab,
geben keine Empfänge, wenn es so weit ist:
Gerechtigkeit und Friede, so steht es geschrieben,
werden sich küssen!

Josef Dirnbeck

Loben

Um Gott zu loben, muß man leben,
und um zu leben, muß man das Leben lieben –
trotz allem.

Elie Wiesel

Ein Eichelhäher fand auf seinen Streifzügen ein kunstvolles
Nestchen. Als er aber erfuhr, der kleine Zaunkönig habe es
erbaut, lachte er höhnisch und rief: „Welch erbärmliches
Machwerk!"
Ein andermal gewahrte er auf einer Felsplatte einen Haufen
zusammengeworfenen Gestrüpps mit Heu und Federn in
der Mitte. Als ihm gesagt wurde, dies sei das Nest des Ad-
lers, rief er voll Bewunderung: „Welch kunstvoller Bau!"

Rudolf Kirsten

Die ganze Welt ist vor dir wie ein Stäubchen auf der Waage,
wie ein Tautropfen, der am Morgen zur Erde fällt.
Du hast mit allen Erbarmen, weil du alles vermagst, und
siehst über die Sünden der Menschen hinweg, damit sie sich
bekehren. Du liebst alles, was ist, und verabscheust nichts
von allem, was du gemacht hast; denn hättest du etwas ge-
haßt, so hättest du es nicht geschaffen. Wie könnte etwas
ohne deinen Willen Bestand haben, oder wie könnte etwas
erhalten bleiben, das nicht von dir ins Dasein gerufen wäre?
Du schonst alles, weil es dein Eigentum ist, Herr, du Freund
des Lebens.

Weisheit 11,22–26

Ehre sei Gott in der Tiefe

. . . in der Tiefe der einen Nacht

in der Gott zu uns gekommen

– und in der wir uns betäuben

um Ihm zu entkommen;

. . . in der Tiefe der vielen Nächte

die Gott uns zur Ruhe bestimmt

– und wir mit Sorgen belasten;

. . . in der Tiefe unserer Herzen

wo Gott uns sucht

– und wir Ihm entfliehen;

. . . in der Tiefe der Meere

die Gott mit Leben gefüllt

– und wir mit Müll entleeren;

. . . in der Tiefe unserer Bunker

wo wir Sicherheit suchten

– und aus denen Gott uns herausruft

in das Licht des einen Tages

an dem es finster war

von der sechsten bis zur neunten Stunde

– und wo Gott um den Tod Seines Sohnes trauerte

auf daß wir leben

und zu Seiner Herrlichkeit am Kreuz aufblicken:

Ehre sei Gott in der Höhe!

Hans Wilhelm Florin

Würde
des Lebens

Einmalig

Jeder Mensch ist ein einmaliges Wunder.

Bin ich das wirklich, was andere von mir sagen, oder bin ich nur das, was ich selbst von mir weiß? Wer bin ich, der oder jener? Bin ich denn heute dieser und morgen ein andrer? Bin ich beides zugleich?
Wer ich auch bin, du kennst mich, dein bin ich, o Gott!

Dietrich Bonhoeffer

Nun spricht der Herr:
Fürchte dich nicht, denn ich habe dich erlöst;
ich habe dich bei deinem Namen gerufen;
du bist mein!

Jesaja 43,1

Am Hofe gab es starke Leute und gescheite Leute, der König war ein König, die Frauen waren schön und die Männer mutig, der Pfarrer fromm und die Küchenmagd fleißig – nur Colombin, Colombin war nichts. Wenn jemand sagte: „Komm, Colombin, kämpf mit mir", sagte Colombin: „Ich bin schwächer als du." Wenn jemand sagte: „Wieviel gibt zwei mal sieben?" sagte Colombin: „Ich bin dümmer als du." Wenn jemand sagte: „Getraust du dich, über den Bach zu springen?" sagte Colombin: „Nein, ich getraue mich nicht." Und wenn der König fragte: „Colombin, was willst du werden?" antwortete Colombin: „Ich will nichts werden, ich bin schon etwas, ich bin Colombin."

Peter Bichsel

Ich habe einen Platz in Gottes Plan,
auf Gottes Erde, den kein anderer hat.
Ob ich reich oder arm bin,
verachtet oder geehrt bei den Menschen,
Gott kennt mich und ruft mich
bei meinem Namen.

John Henry Newman

Ein Zimmermann und sein Lehrling gingen miteinander durch den großen Wald. Als sie auf einen riesigen, knorrigen, alten, wunderschönen Eichbaum stießen, fragte der Zimmermann: „Weißt du, weshalb dieser Baum so riesig, so knorrig, so alt und so wunderschön ist?" Der Lehrling schaute seinen Meister an und sagte: „Nein, warum?" „Deshalb", sagte der Zimmermann, „weil er nutzlos war."

Auch bitten
wir Sie
schrieb der Hauswirt
Er schreibt immer
wir

Hildegard Wohlgemuth

Uns ist der einzelne wichtig. Um eine Person zu lieben, muß man ihr ganz nahekommen. Wenn wir warten, bis ihrer viele sind, werden wir uns in der Menge verlieren und werden dieser Person niemals Achtung und Liebe bezeigen können. Für mich ist jede Person einmalig auf der Welt.

Mutter Teresa

Unscheinbar

Wohl denen, die ihren Kindern den Sinn dafür bewahren, daß unscheinbare Dinge sie freuen.

Jeremias Gotthelf

Als sie die Stadt gebaut hatten, kamen sie zusammen, führten einander vor ihre Häuser und zeigten einander die Werke ihrer Hände. Und der Freundliche ging mit ihnen, von Haus zu Haus, den ganzen Tag über, und lobte sie alle. Aber er selber sprach nicht vom Werk seiner Hände und zeigte keinem ein Haus.

Gegen Abend, da, auf dem Marktplatz, trafen sie sich wieder. Auf einem erhöhten Brettergerüst trat jeder hervor und erstattete Bericht über Art und Größe seines Hauses und die Baudauer, damit man ausfinden konnte, welcher von ihnen das größte Haus gebaut hatte oder das schönste in wieviel Zeit. Und nach seiner Stelle im Alphabet wurde auch der Freundliche aufgerufen. Er erschien unten, vor dem Podium, einen großen Türstock schleppend, und erstattete seinen Bericht. Dies hier, der Türstock, war, was er von seinem Haus gebaut hatte. Es entstand ein Schweigen.

Dann stand der Versammlungsleiter auf. „Ich bin erstaunt", sagte er, und ein Gelächter wollte sich erheben. Aber er fuhr fort: „Ich bin erstaunt, daß erst jetzt die Rede darauf kommt. Dieser da half überall mit. Für das Haus dort baute er den Giebel, dort setzte er ein Fenster ein, für das Haus gegenüber zeichnete er den Grundplan. Kein Wunder, daß er hier mit einem Türstock erscheint, der übrigens schön ist, daß er aber selber kein Haus besitzt."

Bertolt Brecht

Net zum glaubn, daß sich unser ganz' Weltall mit oam Ur-
knall, aus oam Uratom raus entwickelt hat.
Und kaum zum glaubn, was draus alles worn is:
De ganzn Stern, unser Sonnensystem, unser schöner Planet
mit seine Meere, Seen und Flüß, de Berg, Wälder, Wiesn, de
ganzn Pflanz, de Viecherl und mia Menschn mit unserm Er-
findungsgeist, mit dem wo ma rausgfundn ham,
daß ma den ganzn Stern mit a paar Atome und oam Knall
hochgeh laßn könna.

Helmut Zöpfl

Mit dem Reich Gottes ist es wie mit einem Senfkorn, das auf
ein Feld gesät wird. Es ist ein winziger Same, aber wenn er
aufgeht und wächst, wird er zu einer großen Pflanze, ja zu
einem Baum, in dem die Vögel nisten können.

Matthäus 13,31.32

Die großen Taten der Menschen sind nicht die, welche lär-
men. Das Große geschieht so schlicht wie das Rieseln des
Wassers, das Fließen der Luft, das Wachsen des Getreides.

Adalbert Stifter

Ich bitte dich, Herr, um die große Kraft,
diesen kleinen Tag zu bestehen,
um auf dem großen Weg zu dir
einen kleinen Schritt weiterzugehen.

Ernst Ginsberg

Kostbar

Es gibt keine Biographie,
die sich nicht zu schreiben
und nicht zu lesen lohnte.

Als Jesus in Betanien im Haus Simons des Aussätzigen bei
Tisch war, kam eine Frau mit einem Alabastergefäß voll ech-
tem, kostbarem Nardenöl, zerbrach es und goß das Öl über
sein Haar. Einige aber wurden unwillig und sagten zueinan-
der: Wozu diese Verschwendung? Man hätte das Öl um
mehr als dreihundert Denare verkaufen und das Geld den
Armen geben können. Jesus aber sagte: Sie hat ein gutes
Werk an mir getan. Denn die Armen habt ihr immer bei euch,
und ihr könnt ihnen Gutes tun, so oft ihr wollt; mich aber habt
ihr nicht immer.

Markus 14,3–7

Trude ist verrückt, sagen sie.
Die spricht ja mit Blumen und Bäumen,
streift abends allein durch Felder und Wälder,
hat in ihrem Zimmer die halbe Nacht Licht,
füttert sämtliche Katzen der Nachbarschaft
und erzählt den Kindern stundenlang Geschichten.
Die muß doch verrückt sein, sagen sie.

Manfred Mai

Ein Mann will in einer Zoohandlung einen Papagei kaufen. Der erste kostet 2000 DM, weil er sprechen kann, der zweite 3000 DM, weil er auch lesen und schreiben kann, der dritte kostet 5000 DM. „Warum so viel, was kann denn der?" fragt der Mann. „Weiß ich nicht, aber die anderen beiden sagen ‚Chef' zu ihm", behauptet die Verkäuferin.

„Haben Sie Hunger?" „Ja", sagte er. Sie ging zum Regal, nahm ein Brot heraus, legte es auf den Tisch und fing an, in einer Schublade nach einem Messer zu suchen. „Schon gut", sagte er, „man kann Brot brechen." Er brach schnell eine große Kante von dem Brot ab. Sein Kinn zitterte, und er spürte, daß die Muskeln seines Mundes und seine Kiefer zuckten. Dann grub er die Zähne in die unebene weiche Bruchstelle und aß. Das Brot war alt, sicher vier oder fünf Tage alt, vielleicht älter, einfaches Graubrot mit einer rötlichen Pappemarke von irgendeiner Fabrik; aber es schmeckte so süß. Während er mit der rechten Hand aß, hielt er mit der linken den Brotlaib fest, als könnte jemand kommen und ihn wegnehmen.

Heinrich Böll

Ohne Gott bin ich ein Fisch am Strand,
ohne Gott ein Tropfen in der Glut,
ohne Gott bin ich ein Gras im Sand
und ein Vogel, dessen Schwinge ruht.
Wenn mich Gott bei meinem Namen ruft,
bin ich Wasser, Feuer, Erde, Luft.

Jochen Klepper

Wahrgenommen

Man sieht oft etwas hundertmal, tausendmal,
ehe man es zum allererstenmal wirklich wahrnimmt.

Christian Morgenstern

Eine Magd sah Petrus am Feuer sitzen, schaute ihn genau
an und sagte: Der war auch mit ihm zusammen. Petrus aber
leugnete es und sagte: Frau, ich kenne ihn nicht. Kurz danach sah ihn ein anderer und bemerkte: Du gehörst auch zu
ihnen. Petrus aber sagte: Nein, Mensch, ich nicht. Etwa eine
Stunde später behauptete wieder einer: Wahrhaftig, der war
auch mit ihm zusammen; er ist doch auch ein Galiläer. Petrus
aber erwiderte: Mensch, ich weiß nicht, wovon du sprichst.
Im gleichen Augenblick, noch während er redete, krähte ein
Hahn.
Da wandte sich der Herr um und blickte Petrus an. Und Petrus erinnerte sich an das, was der Herr zu ihm gesagt hatte:
Ehe heute der Hahn kräht, wirst du mich dreimal verleugnen.
Und er ging hinaus und weinte bitterlich.

Lukas 22,56–62

Unter dem Blick deiner Augen
bin ich mir zur Frage geworden.

Augustinus

Der Mensch sieht mit den Augen, was er durch die Weisheit
versteht, und er erfaßt es durch Hören, Riechen und
Schmecken. Was aber in seinem Herzen sich sammelt, das
weiß er durch das Erkennen und schauet dieses nicht mit
seinen Augen.

Hildegard von Bingen

Ich beneide sie alle, die vergessen können,
die sich beruhigt schlafen legen und keine Träume haben.
Ich beneide mich selbst
um die Augenblicke blinder Zufriedenheit:
erreichtes Urlaubsziel, Nordseebad, Notre Dame,
roter Burgunder im Glas
und der Tag des Gehaltsempfangs.
Im Grunde aber meine ich,
daß auch das gute Gewissen nicht ausreicht,
und ich zweifle an der Güte des Schlafs,
in dem wir uns alle wiegen.

Günter Eich

Im tiefsten Inneren des Moores lag ein kleines Bauernhaus.
In dem schmalen Gemüsegarten davor arbeitete eine alte
Frau. In ihrer blau geblümten Schürze, dem weiten schwarzen Rock, den grauen Wollstrümpfen, mit ihren ganz kleinen,
lebhaften schwarzen Augen in einem breit verwinkelten Gesicht sah die alte Französin aus wie eine Urgestalt aus Bal-
zacs frühesten Romanen. Ich fragte nach den Reihern, und
sie überlegte einen Augenblick: „Hinter unserem Haus beginnt ein Fußpfad. Bis zu den Reihern sind es höchstens fünf
Minuten." Dann, schon wieder sich der Arbeit zuwendend,
fügte sie leise hinzu: „Sie müssen sehr schön sein, unsere
Reiher. Ich habe sie im Fernsehen gesehen."

Hans Conrad Zander

Ein Mensch führt, jung, sich auf wie toll:
Er sieht die Welt, wie sie sein soll.
Doch lernt auch er nach kurzer Frist,
die Welt zu sehen, wie sie ist.
Als Greis er noch den Traum sich gönnt,
die Welt zu sehn, wie sie sein könnt.

Eugen Roth

Besonnen

Die meiste Zeit geht dadurch verloren,
daß man nicht zu Ende denkt.

Alfred Herrhausen

Die Arbeit auf dem Schiff beobachtete John sehr genau. Er
ließ sich auch beibringen, wie man Knoten machte. Er stellte
einen Unterschied fest: Beim Üben schien es mehr darauf
anzukommen, wie schnell man einen Knoten fertig hatte, bei
der wirklichen Arbeit aber darauf, wie gut er hielt.

Sten Nadolny

Das Leben gleicht einem Buche:
Toren durchblättern es flüchtig,
der Weise liest es mit Bedacht,
weil er weiß, daß er es nur einmal lesen kann.

Jean Paul

Überlege, bevor du Gott etwas sagst. Sprich nicht alle Gedanken aus, die dir kommen. Denn Gott ist im Himmel, und
du bist auf der Erde; darum rede nicht mehr als nötig. Wenn
du Gott etwas versprochen hast, dann erfülle es so schnell
wie möglich. Wer ihm etwas verspricht und dann nicht hält,
nimmt ihn nicht ernst. Solche Leute mag Gott nicht leiden.
Keine Versprechungen machen ist besser, als etwas ver-
sprechen und es dann nicht halten.

Prediger 5,1.3.4

Man braucht zwei Jahre, um sprechen zu lernen,
und fünfzig, um schweigen zu lernen.

Ernest Hemingway

Sing nicht so schnell dein Glaubenslied,
sing nicht so laut, so grell.
Der Glaube trägt ein schweres Kleid
aus Gnadenglück und Sterbeleid.
Vielleicht kommt er dir nahe,
vielleicht bleibt er dir fern.

Sing nicht so laut dein Liebeslied,
sing nicht so laut, so grell.
Die Liebe wandelt dich und mich,
befreit das selbstbedachte Ich.
Vielleicht kommt sie dir nahe,
vielleicht bleibt sie dir fern.

Arnim Juhre

Einer klagt dem Rabbi sein Elend. „Gott wird dir helfen", sagt
der Rabbi. „Ja, gut und schön", meint der Chassid, „aber
was ist in der Wartezeit?" „Gott wird dir beim Warten helfen",
sagt der Rabbi.

Elie Wiesel

Die Turmuhr schlägt; das Karlchen erschrickt: „Acht Uhr.
Los, Mensch! Nach Hause!" „Langsam!" bremst Fritzchen.
„Wenn wir jetzt kommen, kriegen wir Prügel. Wenn wir um
neun kommen, freuen sie sich, daß nichts passiert ist."

Herzlich

Setzt eure Zelte weit auseinander,
aber nähert eure Herzen.

Arabisches Sprichwort

Auf dem Tisch
Äpfel und Wein
Blumen zerbrechliche Farben
Du bist eingeladen
Ich wohne im Haus
Nummer Null
Den Duft malte Monet
Äpfel gereift bei Cézanne
Den Wein brachte die Flaschenpost
Ich wiederhole
Du bist herzlich
eingeladen

Rose Ausländer

Ein Vater brachte seinen Sohn zum Rabbi und klagte, daß
der im Lernen keine Ausdauer habe. „Laß ihn mir eine Weile
hier", sagte der Rabbi. Als er mit dem Jungen allein war,
legte er sich hin und bettete das Kind an sein Herz. Schwei-
gend hielt er es am Herzen, bis der Vater kam. „Ich habe ihm
ins Gewissen geredet", sagte er, „in Zukunft wird es ihm an
Ausdauer nicht fehlen."

Erzählung der Chassidim

Über alles hat der Mensch Gewalt, nur nicht über sein Herz.
Er kann nicht herzlich sein, wann er will.

Friedrich Hebbel

Adam und Eva lustwandeln im Paradies. „Liebst du mich?" fragt Adam zärtlich. Eva mürrisch: „Wen denn sonst?"

Ein düsterer roter Backsteinbau in einer lauten Straße. Hier hat die große Industriestadt ihre unversorgten Alten untergebracht. Es ist ein seltsames Trüppchen, diese alten Leute. Einer fiel mir immer besonders auf. Der hatte einen merkwürdig traurigen Zug im Gesicht. Eines Tages erzählte er mir seine Geschichte. Einfach war sie. Mühe und Arbeit war sein Leben. Nun war die Frau tot, die Tochter verheiratet. „Besucht denn Ihre Tochter Sie ab und zu?" Da wird sein Gesicht bitter: „O nein, sie mag mich nicht."
Eines Tages hat er eine neue Wolljacke an. „Die ist aber schön warm! Wo ist die denn her?" „Von meiner Tochter." „Hat sie Ihnen ein Paket geschickt? Das ist aber nett!" „Ja", erwidert er, „sie sorgt für mich, wie es nötig ist, da kann ich nicht klagen. Es war allerhand Schönes im Paket, aber . . ." Ich unterbreche ihn: „Das ist doch fein, da gibt es doch kein Aber!" Er will sich abwenden. Aber ich halte ihn fest: „Nun sagen Sie schon, was Sie am Paket Ihrer Tochter auszusetzen haben!" Da schaut er mich unendlich traurig an und sagt: „Es war keine Liebe drin."

Höre, Israel! Gott allein ist Herr. Neben ihm gibt es keinen Gott. Ihn sollst du mit ganzem Herzen, mit ganzer Seele, deinem ganzen Verstand und deiner ganzen Kraft lieben.

Markus 12,29.30

Lebensfroh

Es lebt nur der, der lebend sich am Leben freut.

Menander

Ich höre, daß man damit leben kann:
Mit Schlaf und Arbeit, Spaß und gutem Essen.
Habt ihr dabei nicht einiges vergessen?
Und überhaupt, was soll das heißen: man?
Man lebt, und mehr fällt euch nicht ein
als Geld verdienen und ein Auto fahren
und Steuern zahlen und fürn Urlaub sparen
und abends Fernsehn oder Sportverein?
Und das soll alles dann gewesen sein
für uns, und sonst soll es nichts geben?
In mir ist Sehnsucht, mehr möcht ich erleben
und Träume haben und unsterblich sein!

Lothar Zenetti

Dann sind wir abwechselnd um den Block mit Max und seinem Fahrrad, schwitzend ich und in bester Laune. Ungefähr beim dritten Versuch hat er das Freihändigfahren üben wollen, beim vierten den Plastikgriff vom Lenker gedreht und behauptet, das sei ein Funkgerät, beim fünften das Lenken vergessen, weil auf dem Fußballplatz, an dem wir vorbeikamen, der Andreas stand, und beim sechsten hat er geschrien: „Jetzt rase ich in den Zaun da, aber voll, hey." Und jedesmal hat er auf der Nase gelegen, aber voll, hey. Weh getan hat ihm das nicht, so toll hat er das Radfahren plötzlich gefunden, und abends, da hat er es wirklich gekonnt.

Axel Hacke

Ein fröhliches Herz ist des Menschen Leben, und seine Freude verlängert sein Leben. Ermuntere dich und tröste dein Herz, und vertreibe die Traurigkeit von dir.

Jesus Sirach 30,23.24

Zuzeiten kam ihm zum Bewußtsein, daß er ein seltsames Leben führe, daß er da lauter Dinge tue, die bloß ein Spiel waren, daß er wohl heiter sei und zuweilen Freude fühle, daß aber das eigentliche Leben an ihm vorbeifließe und ihn nicht berühre. Wie ein Ballspieler mit seinen Bällen spielt, so spielte er mit seinen Geschäften, mit den Menschen seiner Umgebung, sah ihnen zu, fand seinen Spaß an ihnen; mit dem Herzen war er nicht dabei.
Einige Male erschrak er ob solcher Gedanken und wünschte sich, es möge auch ihm gegeben sein, bei allem kindlichen Tun des Tages mit Leidenschaft und mit dem Herzen beteiligt zu sein, wirklich zu leben, wirklich zu tun, wirklich zu genießen, statt nur als Zuschauer daneben zu stehen.

Hermann Hesse

Wie mit den Lebenszeiten,
so ist es auch mit den Tagen.
Keiner ist ganz schön,
und jeder hat,
wo nicht seine Plage,
so doch seine Unvollkommenheit.
Aber rechne sie zusammen,
so kommt eine Summe
Freude und Leben heraus.

Friedrich Hölderlin

Heilig

Jeder Teil dieser Erde ist meinem Volk heilig.

Häuptling Seattle

Ein Heide fragte Rabbi Josua: „Warum wählte Gott einen Dornbusch, um mit Mose aus ihm zu reden?" Der Rabbi antwortete: „Hätte er einen Johannisbrotbaum oder einen Maulbeerbaum gewählt, so hättest du ja die gleiche Frage gestellt. Daher sage ich dir: Gott hat den ärmlichen und kleinen Dornbusch gewählt, um dich zu belehren, daß es auf Erden keinen Platz gibt, an dem Gott nicht anwesend ist."

Allein den Betern kann es noch gelingen,
das Schwert ob unsern Häuptern aufzuhalten
und diese Welt den richtenden Gewalten
durch ein geheiligt Leben abzuringen.

Reinhold Schneider

Vater unser, dein Name werde geheiligt in allen, die das Leben der Armen verteidigen gegen das Geld, gegen den Kaffee, die Baumwolle, das Zuckerrohr, gegen die politischen Parteien, die kirchlichen Strukturen, die multinationalen Unternehmen und alle lebensfeindlichen Interessen.
Dein Name wird geheiligt in den Armen und Bescheidenen, die immer noch glauben und Hoffnung in dich setzen und sich zusammentun und darum kämpfen, daß ihre Menschenwürde respektiert wird.

Julia Esquivél

Die Würde des Menschen ist unantastbar.

Grundgesetz, Artikel 1

Was a Stammtisch is, möchtn s'wissn. Ja mei, da trifft ma se
halt oiwei am selbn Tag in der Woch, oiwei im selbn Lokal, an
demselbn Tisch. Und da hockan allerwei de selbn Leut bei-
nander. Allerwei de selbn Gsichter.
Und jeder verzapft aa allerwei wieder dasselbe. Der Igerl, ob
Sommer oder Winter, redt bloß über sein Heimgartn. Der
Breitsameder redt stundenlang grad von seine Enkerl. Und
der Eisele verzählt oa ums ander Mal deselbn altn Witz.
Koans hört eigentlich mehr auf den andern hi, weil er eh scho
alls in- und auswendig kennt.
So, und jetzt pressierts ma aber gewaltig, sonst komm i no
z'spät. Mia hamma nämlich jetzt unsern Stammtisch. Und
der is ma heilig.

Helmut Zöpfl

Kommt, laßt uns auf den Berg des Herrn gehen, zum Hause
des Gottes Jakobs, daß er uns lehre seine Wege und wir
wandeln auf seinen Steigen! Und er wird richten unter den
Heiden und zurechtweisen viele Völker. Da werden sie ihre
Schwerter zu Pflugscharen und ihre Spieße zu Sicheln machen. Denn es wird kein Volk wider das andere das Schwert
erheben, und sie werden hinfort nicht mehr lernen, Krieg zu
führen.

Jesaja 2,3.4

Durch zuviel Weihrauch werden selbst Heilige rußig.

Glaubwürdig

Die Botschaft hör ich wohl,
allein mir fehlt der Glaube.

Johann Wolfgang Goethe

In Kapernaum lebte ein hoher königlicher Beamter, dessen Sohn sehr krank war. Als dieser Mann hörte, daß Jesus aus Judäa nach Galiläa zurückgekehrt war, ging er zu ihm und bat: „Komm schnell in mein Haus, und heile meinen todkranken Sohn!" „Wenn ihr nicht immer neue Zeichen und Wunder seht, glaubt ihr nicht", hielt Jesus ihm entgegen. Aber der Beamte flehte ihn an: „Herr, komm doch schnell, sonst stirbt mein Kind!" „Geh nach Hause", sagte Jesus, „dein Sohn ist gesund!" Der Mann glaubte ihm und ging nach Hause.
Noch während er unterwegs war, liefen ihm einige seiner Leute entgegen. „Dein Kind ist gesund!" riefen sie aufgeregt.

Johannes 4,47–51

Für Kemal Altun, 31.8.83

LAND DER HOFFNUNG

Sie wollten ihn abschieben
aus dem Lande der Hoffnung
in sein Vaterland,
das gefräßige, gefürchtete.
Da nutzte er die Sekunde der Freiheit
und warf sich zurück
in den Schoß seiner Mutter Erde.
Tiefer als er stürzte das Land,
das seine Freiheit verwaltet,
wie ein Löwe seine Beute.
Wird es überleben?

Klaus Haacker

„Das Spiel ist aus!" riefen in der Schlußszene die endlich siegreichen Gegenspieler den entlarvten bösen Machthabern zu, verstellten ihnen den Weg zur Flucht oder zu den Waffen, nahmen sie fest und führten sie, ohne sie noch eines Blickes zu würdigen, in die Kulisse ab, während der Vorhang fiel.

Als er aber dann zum Applaus wieder hochging, kamen die besiegten Machthaber schon Hand in Hand mit den neuen Siegern zurück, und alle verneigten sich artig vor dem Publikum, das ihnen zurief und wie von allen guten Geistern verlassen Beifall klatschte.

Erich Fried

Ein Mensch macht sich, doch leider bloß
an seinem Stammtisch, damit groß,
es gelt – wovon ja viele träumen! -,
den Saustall endlich auszuräumen.
Er gibt – nur dort! – geheime Winke,
wie's überall zum Himmel stinke
von Säuen, die an vollen Trögen
verfräßen unser Volksvermögen.
Man müßt was tun – nur ist es schade,
daß dummerweise ihn gerade,
als einen Mann mit Weib und Kindern,
Rücksichten überall verhindern.
Der Mensch – was nützt verborgnes Lästern? -
zählt auch mit zu den Schweinemästern!

Eugen Roth

Alle haben gewußt, viele haben gewußt.
Manche haben gewußt, einige haben gewußt.
Ein paar haben gewußt, wenige haben gewußt.
Keiner hat gewußt.

Rudolf Otto Wiemer

Stark

Wer die Menschen kennt, ist klug.
Wer sich selber kennt, ist erleuchtet.
Wer andere Menschen besiegt, hat Gewalt.
Wer sich selbst besiegt, ist stark.

Laotse

Einem Menschen vergeben heißt nicht, das, was er getan hat, für ungeschehen erachten, nicht wahrhaben wollen oder schlicht vergessen. Vergeben kann unter Umständen bedeuten, gerade nicht zu vergessen. Vergeben heißt: Die Vergangenheit eines anderen keinen Einwand dagegen sein lassen, daß ich ihn annehme. Vergebung heißt nicht das Ja zu einer vergangenen Schuld, wohl aber das Ja zu einem Menschen mit seiner vergangenen Schuld.

Otto Hermann Pesch

Hier bin ich:
im Gewirr der Worte,
im Spiel der Hände,
im Aufschrei des Lachens,
im Drängen der Fragen,
im Fluchtmaß der Schritte.
Bleib!
Sei ohne Arg.
Siehe, wie schwach ich bin.
Nur wenn du rufst,
bin ich stark,
so stark
wie du möchtest.

Lisa Stromszky

Ich bin 25, und wenn ich Mädchen genannt werde, spreche ich wie ein Mädchen. Ich flirte, kichere und stelle mich dumm. Aber wenn ich mich daran erinnere, daß ich eine Frau bin, lege ich die kindischen Dinge weg und sage, was ich denke, teile und liebe.
Ich bin 36, und wenn ich Mädchen genannt werde, denke ich wie ein Mädchen. Ich fühle mich untauglich, und deshalb helfe ich den Männern um mich herum und bediene sie. Aber wenn ich mich daran erinnere, daß ich eine Frau bin, lege ich die kindischen Dinge weg und arbeite, schaffe und erreiche etwas.
Ich bin 52, und wenn ich Mädchen genannt werde, verstehe ich wie ein Mädchen. Ich lasse andere mich beschützen vor der Welt. Aber wenn ich mich daran erinnere, daß ich eine Frau bin, lege ich die kindischen Dinge weg und entscheide und riskiere und lebe mein eigenes Leben.

Nancy R. Smith

Ich kannte eine lahme Frau,
die ist zu Fuß nicht weit gekommen.
Sie hat das angenommen
und lernte sitzen und hören.
Im Zuhören konnte sie sehr weit gehen.

Friedrich K. Barth / Peter Horst

Wenn ihr zu mir umkehrt und stillhaltet, dann werdet ihr gerettet. Wenn ihr gelassen abwartet und mir vertraut, dann seid ihr stark. Aber ihr wollt ja nicht.

Jesaja 30,15

Solidarisch

Solidarisch sein: sich schämen beim Anblick einer Not,
auch wenn man scheinbar keine Mitschuld hat.

Wenn einer alleine träumt, ist es nur ein Traum.
Wenn viele gemeinsam träumen,
so ist das der Beginn einer neuen Wirklichkeit.

Helder Camara

Drei Bettler waren unterwegs Freunde geworden, teilten
Freud und Leid und hatten eine gemeinsame Kasse. Eines
Tages stellten sie fest, daß sie nur noch ein Stück Brot hatten. Sie stritten sich, wer das Brot verzehren solle. Schließlich wurde es dunkel. Da schlug einer vor, sich schlafen zu
legen. Derjenige, der den bemerkenswertesten Traum hätte,
solle das Brot bekommen.
Am nächsten Morgen standen sie bei Sonnenaufgang auf.
Da sagte der erste: „In meinem Traum traf ich einen weisen
Mann, der sagte: Dir steht das Brot zu, denn dein vergange-
nes und zukünftiges Leben sind würdig und bewunderns-
wert." „Wie merkwürdig", sagte der zweite, „auch ich traf
einen Weisen, der sagte: Dir steht das Brot zu, denn du mußt
gut ernährt werden, da es deine Bestimmung ist, Menschen
zu führen." Da sprach der dritte: „In meinem Traum sah ich
nichts und hörte nichts. Ich fühlte etwas Zwingendes, das
mich trieb, aufzustehen und das Brot zu verzehren. Und das
tat ich."

Die Gesellschaft besteht aus zwei großen Klassen:
Die einen haben mehr Essen als Appetit,
die anderen mehr Appetit als Essen.

Wenn du mit deinem ärgsten Feind im selben Boot sitzt,
wirst du dann ein Loch in seine Seite des Bootes bohren?

Von da an kamen viele in sein Haus, die für Betrüger und Gesetzbrecher galten. Zöllner und verrufene Leute: Sünder setzten sich an seinen Tisch und teilten mit ihm und seinen Schülern das Mahl. Als die Pharisäer das sahen, sagten sie zu seinen Schülern: „Warum ißt euer Lehrer mit diesem Gesindel? Zöllner! Und Sünder!" Jesus hörte es und antwortete ihnen: „Nicht die Gesunden, die Kranken brauchen den Arzt! Ich bin gekommen, die Sünder zu rufen und nicht die Gerechten."

Matthäus 9,10–13

He du, mein gebildeter Bürger, Genosse Bürger, Bildersammler, Bücherwurm, Konzertabonnent, liberaler Ästhet, Mozartfan, komm mit, wir sind auf dem Marsch, komm mit, wir brauchen dich! Nicht nur unterschreiben, wenn Sartre unterschreibt! Komm mit, Genosse Bürger, wir brauchen dich wirklich!
Für eine bessere Welt, für eine glücklichere Zeit
sind wir auf dem Marsch, auf dem Marsch der Minderheit.

Hanns Dieter Hüsch

Ich höre, daß in New York, an der Ecke der 26. Straße und des Broadway, während der Wintermonate jeden Abend ein Mann steht und den Obdachlosen, die sich ansammeln, durch Bitten an Vorübergehende ein Nachtlager verschafft. Die Welt wird dadurch nicht anders, die Beziehungen zwischen den Menschen bessern sich nicht. Das Zeitalter der Ausbeutung wird dadurch nicht verkürzt. Aber einige Männer haben ein Nachtlager. Der Wind wird von ihnen eine Nacht lang abgehalten. Der ihnen zugedachte Schnee fällt auf die Straße.

Bertolt Brecht

Gerecht

Wer Unrecht lange geschehen läßt,
bahnt dem nächsten den Weg.

Willy Brandt

Da lebte einmal ein reicher Mann, berichtete Jesus. Er war immer vornehm gekleidet und konnte sich alle Tage jeden Luxus leisten. Vor dem Portal seines Hauses aber lag Lazarus, bettelarm und schwerkrank. Sein Körper war über und über mit Geschwüren bedeckt. Während er dort um die Abfälle aus der Küche bettelte, kamen die Hunde und beleckten seine offenen Wunden.

Lazarus starb, und die Engel trugen ihn zu Abraham, dorthin, wo all sein Leiden zu Ende war. Auch der reiche Mann starb und wurde begraben. Als er im Totenreich unter Qualen erwachte, blickte er auf und erkannte in weiter Ferne Abraham und Lazarus. „Vater Abraham", rief der Reiche laut, „habe Mitleid mit mir! Schicke mir doch den Lazarus! Er soll seine Fingerspitze ins Wasser tauchen und damit meine Zunge kühlen. Ich leide in diesen Flammen furchtbare Qualen!"

Aber Abraham erwiderte: „Erinnere dich! Du hast in deinem Leben alles gehabt, Lazarus hatte nichts. Jetzt geht es ihm gut, und du mußt leiden. Außerdem liegt zwischen uns ein tiefer Abgrund. Niemand kann von der einen Seite zur anderen kommen, selbst wenn er es wollte."

„Vater Abraham", bat jetzt der Reiche, „dann schicke ihn doch wenigstens zu meinen fünf Brüdern. Er soll sie warnen, damit sie nach ihrem Tod nicht auch an diesen qualvollen Ort kommen." Aber Abraham entgegnete: „Deine Brüder sollen auf das hören, was sie bei Mose und den Propheten lesen können. Dann sind sie gewarnt."

Lukas 16,19–29

Einen Mitbürger zugrunde richten will ein rechtschaffener Mann nicht einmal dann, wenn er ein Recht dazu hätte. Viel lieber ist ihm, daß sich die Leute später daran erinnern, wie er jemanden geschont hat, obwohl er ihn hätte vernichten können. So verhalten sich rechtschaffene Männer auch gegen wildfremde Menschen, ja sogar gegen ihre schlimmsten Feinde, und zwar weil sie deren Menschenwürde achten und weil jene auch Menschen sind wie sie selber. So darf, wenn sie bewußt niemanden geschädigt haben, ihnen selber mit Recht auch kein Schaden zugefügt werden.

Cicero

Wir lassen das Gras wachsen
über Gerächte und Ungerächte.

Bert Berkensträter

An einem Wintertag führte man einem weisen Richter einen alten, vor Kälte zitternden Mann vor. Man hatte ihn in einem Laden beim Diebstahl eines Brotes ertappt. Der Richter sah sich an das Gesetz gebunden und verurteilte den Mann zu einer Geldstrafe von fünfzig Mark. Dann aber griff er in die eigene Tasche und bezahlte den Betrag an Stelle des Angeklagten.
Daraufhin wandte er sich an die im Gerichtssaal Anwesenden. Er bestrafte jeden einzelnen mit einem Bußgeld von fünf Mark und begründete die Strafe mit dem Hinweis, daß sie in einer Stadt lebten, in der sich ein Mensch zum Brotdiebstahl genötigt sehe, um nicht zu verhungern. Das Geld wurde kassiert und dem Angeklagten gegeben. Der verließ verwundert den Gerichtssaal.

Behütet

Die Barmherzigkeit Gottes ist wie der Himmel, der stets über uns fest bleibt. Unter diesem Dach sind wir sicher, wo auch immer wir sind.

Martin Luther

Glücklich, dessen Hilfe der Gott Jakobs ist, der seine Hoffnung auf den Herrn, seinen Gott, setzt, den Schöpfer des Himmels und der Erde, des Meeres und all seines Lebens, auf den, der Treue hält in Ewigkeit, der Recht schafft den Bedrückten und den Hungrigen Brot gibt. Der Herr macht die Gefangenen frei, er macht die Blinden sehend, richtet auf die Gebeugten und liebt die Gerechten. Der Herr behütet die Heimatlosen und schützt Waise und Witwe.

Psalm 146,5–9

Behüte, Herr, die ich dir anbefehle,
die mir verbunden sind und mir verwandt.
Erhalte sie gesund an Leib und Seele
und führe sie an deiner guten Hand,
sie alle, die mir ihr Vertrauen schenken
und die mir so viel Gutes schon getan.
In Liebe will ich dankbar an sie denken,
o Herr, nimm dich in Güte ihrer an.

Um manchen Menschen mache ich mir Sorgen
und möcht ihm helfen, doch ich kann es nicht.
Ich wünschte nur, er wär bei dir geborgen
und fände aus dem Dunkel in dein Licht.
Du ließest mir so viele schon begegnen,
so lang ich lebe, seit ich denken kann.
Ich bitte dich, du wollest alle segnen,
sei mir und ihnen immer zugetan.

Lothar Zenetti

Schlaf, mein Sohn, mach die Augen zu,
Mama ist da und sitzt bei dir.
Träum was Schönes, na nu schlaf schon, du,
brauchst nicht weinen, ich bin ja hier.

Hab keine Angst vor den lauten Dingen,
Wölfe gibt es nur im Wald.
Mama ist da, um ein Schlaflied zu singen,
und wenn sie dich zudeckt, ists nicht mehr kalt.

Hab keine Angst vorm Schwarzen Mann,
der fürchtet sich ja selber so.
Träum von deiner Eisenbahn,
Löwen gibts doch bloß im Zoo.

Weine nicht mehr, ist doch schon gut.
Ich wisch dir deine Tränen weg.
Keiner ist da, der dir was tut,
wenn ich dich in dein Bettchen leg.

Na siehst du wohl, jetzt schläfst du schon.
Wie klein du bist, das tut so weh.
Ich kann nicht schlafen wie du, mein Sohn,
weil du noch nicht siehst, was ich schon seh.

Bettina Wegner

Oft entschlage ich mich aller Sorge und stelle alles Gott an-
heim als dem besten Freund und Vater, mit dem ich mich
unaussprechlich gut stehe. Ja, wir sind ganz vertraut. Er
wird's schon wissen und machen, denke ich und lehne mich
ordentlich an ihn und schlummere so zu seinen Füßen ein
wenig, so unten an seinem Mantel.

Rahel Varnhagen

Zärtlich

Die Zärtlichkeit ist die Blume der Liebe.

Du hast mein Herz bewegt, meine Braut, du hast mein Herz geweckt mit einem einzigen Blick deiner Augen, mit einer einzigen Perle deiner Halskette.
Wie schön ist deine Liebe, du geliebte Braut, wieviel kostbarer deine Liebe als Wein, wieviel herrlicher der Duft deiner Salben als aller Balsam.
Süß wie Honig sind, meine Braut, deine Lippen, süß wie Honig und Milch dein Mund.

Hoheslied 4,9–11

Hast uns Stulln jeschnitten un Kaffe jekocht
un de Töppe rübajeschohm
un jewischt und jenäht und jemacht und jedreht . . .
alles mit deine Hände.

Hast de Milch zujedeckt, uns Bobongs zujesteckt
un Zeitungen ausjetragn
hast die Hemden jezählt und Kartoffeln jeschält . . .
alles mit deine Hände.

Hast uns manches Mal bei jroßen Schkandal
auch 'n Katzenkopp jejeben.
Hast uns hochjebracht. Wir wahn Stücker acht,
sechse sind noch am Leben . . .
alles mit deine Hände.

Heiß warn se un kalt. Nu sind se alt.
Nu bist du bald am Ende.
Da stehn wa nu hier, und denn komm wir bei dir
und streicheln deine Hände.

Kurt Tucholsky

132

Dieselbe Sorgfalt wie auf den Körper muß man auf die Seelen verwenden. Meist denkt man nicht daran und verletzt sie.
Warum das? Warum ihnen nicht Linderung verschaffen wie
dem Körper? Manche sind krank, viele sind schwach, alle
leiden. Wieviel Zärtlichkeit müßten wir für sie haben!

Therese von Lisieux

Du spielst im Zimmer nebenan.
Es dauert, bis ich die Stille höre.
Ich gehe leise, öffne vorsichtig die Tür.
Du könntest eingeschlafen sein.
Du stehst auf wackligen Beinen am Schrank
und entdeckst, ohne mich zu bemerken,
daß die Schublade sich herausziehen läßt.
(Ich ahne, was kommt, will verhindern, will nicht.)
Überrascht von dem Ergebnis deines Tuns,
schiebst du sie sofort wieder zu, die Finger dazwischen.
Wir trösten uns lange.

Manfred Mai

Ich hab ein zärtliches Gefühl
für jeden Nichtsnutz, jeden Kerl,
der frei herumzieht ohne Ziel,
der niemands Knecht ist, niemands Herr.
Ich hab ein zärtliches Gefühl
für den, der sich zu träumen traut,
der, wenn sein Traum die Wahrheit trifft,
noch lachen kann – wenn auch zu laut.
Ich hab ein zärtliches Gefühl
für jede Frau, für jeden Mann,
für jeden Menschen, wenn er nur
vollkommen wehrlos lieben kann.

Herman van Veen

Furchtlos

Das einzige, was wir zu fürchten haben,
ist unsere eigene Furcht.

Franklin D. Roosevelt

Ein Grab greift tiefer als die Gräber gruben,
denn ungeheuer ist der Vorsprung Tod.
Am tiefsten greift das Grab, das selbst den Tod begrub.
Denn ungeheuer ist der Vorsprung Leben.

Kurt Marti

Geh, fürchte nichts!
Wahr nur dein Herz, wahr nur dein Gesicht.
Nicht vor den Menschen, o mein Gott,
auch nicht vor dir will ich die Wimper niederschlagen.
Ich bin hier. Ich bin's. Sieg oder Fall – ein drittes
bleibt mir nicht.

Paul Claudel

Wer mit drei Kindern in einem deutschen Lokal ißt, wird ununterbrochen gemustert. Die Kiefer mahlen, die Gespräche
verstummen, die Gesichter werden starr, alles blickt, blickt,
blickt: Was haben denn diese Leute für Kinder! Schmieren
alles voll. Sitzen nicht still. Spielen mit dem Besteck. Geh mit
drei Kindern in ein deutsches Lokal, und du weißt, warum es
in diesem Land so wenig Kindergärten gibt. Man sieht das in
den Blicken. Oder wenn du schon gehen mußt, nimm dir
einen Kerl wie den kleinen Max mit. Der ist mal zum Neben-
tisch gegangen, hat sich vor einer Frau aufgebaut, die im-
merzu zu uns herübergeguckt hatte, und hat gerufen: „Man
ißt nicht mit vollem Mund!"

Axel Hacke

Wer im Schutz des Höchsten wohnt
und ruht im Schatten des Allmächtigen,
der sagt zum Herrn:

„Du bist für mich Zuflucht und Burg,
mein Gott, dem ich vertraue."

Denn der Herr ist deine Zuflucht,
du hast dir den Höchsten als Schutz erwählt.
Dir begegnet kein Unheil,
kein Unglück naht deinem Zelt.
Denn er befiehlt seinen Engeln,
dich zu behüten auf all deinen Wegen.
Sie tragen dich auf ihren Händen,
damit dein Fuß nicht an einen Stein stößt;
du schreitest über Löwen und Nattern,
trittst auf Löwen und Drachen.

„Weil er an mir hängt,
will ich ihn retten;
ich will ihn schützen,
denn er kennt meinen Namen.
Wenn er mich anruft,
dann will ich ihn erhören.
Ich bin bei ihm in der Not,
befreie ihn und bringe ihn zu Ehren.
Ich sättige ihn mit langem Leben
und lasse ihn schauen mein Heil."

Psalm 91 (in Auswahl)

Was wir zum Leben brauchen

Neugier

Woher komme ich? Warum bin ich auf der Welt?
Wohin gehe ich? Was ist der Sinn des Lebens?

Was stehst n da rum?
Ich kuck.
Was siehst n?
Nischt.
Deswegen kuckste?
Ich kuck, weil ich was sehn will.
Was willst n sehn?
Ich kuck grade.

Wolfdietrich Schnurre

Jetzt bin ich sechzig, habe Anspruch auf einen Seniorenpaß.
Die Pigmentflecken auf den Händen werden mehr. Das
Rheuma ersetzt den Wetterbericht. Beim Treppensteigen
wird mir die Luft knapp. Der Kurarzt fragt mich: Arbeiten Sie
noch?
Aber noch pfeife ich nicht aus dem letzten Loch. Noch macht
mir das Leben Spaß. Immer noch bin ich neugierig und
möchte Neues ausprobieren.

Hermann Josef Coenen

Willst du fragen lernen, schnür die amtlich verpackten Bün-
del auf. Stürz den Inhalt der geordneten Kisten um und er-
probe selbst, womit du leben kannst. Wag dich auch an die
schweren Pakete mit den Etiketten „Gott", „Erlösung",
„Gebet" heran. Laß dich nicht irritieren durch die Warnung,
es würde dir wie mit der Uhr ergehen, die du, auseinander-
genommen, nicht wieder zusammenfügen kannst. Vertrau
auf dich und wage zu fragen.

Hubertus Halbfas

Die Führung durch die Kunstgalerie war beendet. Alle Meisterwerke waren unter fachkundiger Leitung betrachtet worden. Die Führerin hatte sich heiser geredet, um Maltechniken, Motive und Kompositionen zu erklären. Nun sagte sie: „Hat jemand noch eine Frage?" Nach einer Pause kam eine schüchterne Stimme: „Ich würde gern wissen, womit Sie Ihre Böden so glänzend kriegen."

Die einen kennen die Arten der Pflanzen, die anderen die Arten der Steine, manche kennen alle Arten der Neurosen, andere alle Versformen.
Ich interessiere mich immer nur für alle Arten von Menschen.

Werner Sprenger

Paulus hatte von Jesus und von seiner Auferstehung gesprochen. Weil die Philosophen mehr über die neue Religion erfahren wollten, nahmen sie den Apostel mit auf den Areopag, einem mitten in der Stadt gelegenen Hügel. „Es ist alles neu für uns, was wir von dir hören, und recht seltsam", erklärten sie Paulus. „Wir möchten gern mehr davon wissen." Diese Bitte war nicht ungewöhnlich, denn sowohl den Athenern wie auch den Fremden in dieser Stadt ging es vor allem darum, neue Ideen zu hören und über sie zu diskutieren.

Apostelgeschichte 17,18–21

Bitte, Mister Gott, laß mich nicht so dumm bleiben wie alle anderen und wie ich jetzt bin. Ich möchte so gern alles lernen. Bitte sag mir doch, wie man richtig fragt.

Fynn

Gelassenheit

Gelassenheit ist eine anmutige Form
des Selbstbewußtseins.

Marie von Ebner-Eschenbach

Lasset den Himmel hoch oben
und die Hölle in Ruh.
Wollet die unerbittlichen Nächte loben,
den Leib und die abgelaufenen Schuh.

Kommen die Nöte zuhauf,
nehmet den Mund voll Melancholie.
Niemand steht für euch auf,
niemand und nie.

Leget das Haupt in die Hand,
wenn ihr verletzt und verlassen seid.
Lobet die Uhren aus Sand,
lobet den Gott Gelassenheit.

Lasset den Wald und das Gras
öffentlich mit euch sprechen.
Lobet den täglichen Spaß
und das tägliche Kopfzerbrechen.

Achtet das Brot und den Wein,
trachtet nicht nur nach Gewinn.
Seht, es weiß keiner von eurem Gebein
woher und wohin.

Strecket den Leib nach der Decke,
damit ihr so schnell nicht zu fassen seid.
Lobet die Wurzel, den Wurm und die Schnecke,
lobet den Gott Gelassenheit.

Hanns Dieter Hüsch

Um den Gelassenen her wächst der Friede,
und die Stille ist der Raum,
in dem die Dinge sich klären.

Jörg Zink

Wenigstens nachts laß dein Herz ruhen . . .
Wenigstens nachts hör auf zu rennen;
besänftige die Wünsche, die dich verrückt machen;
versuch, deine Träume schlafen zu lassen.
Gib dich preis, Leib und Seele,
gib dich preis, endgültig, ohne Rückhalt,
in Gottes Hände.

Helder Camara

Wie jedermann, so würde auch ich gern ein langes Leben
führen. Lange zu leben ist schon etwas. Doch das berührt
mich im Augenblick wenig. Ich möchte den Willen Gottes erfüllen. Er hat mich auf den Berg geführt, und ich habe umher-
geblickt, und ich habe das gelobte Land gesehen.

Martin Luther King

Seid also unbesorgt und fragt nicht unentwegt wie die Heiden: Was sollen wir essen? Was sollen wir trinken? Was sollen wir anziehen? Euer himmlischer Vater weiß ja, daß ihr
dies alles braucht. Darum schaut zuerst auf sein Reich, sucht
seine Gerechtigkeit: Dann wird er euch Essen und Trinken
und Kleidung als Zugabe geben. Denkt nicht an morgen,
morgen sorgt für sich selbst, jeder Tag hat genug mit der eigenen Last.

Matthäus 6,27–30

Gespräch

Auf böse und traurige Gedanken gehört
ein gutes, fröhliches Lied und freundliche Gespräche.

Martin Luther

Eines Nachts kam Nikodemus zu Jesus und sagte zu ihm:
„Wir wissen, daß Gott dich gesandt und dich als Lehrer be-
stätigt hat. Nur mit Gottes Hilfe kann jemand solche Taten
vollbringen, wie du sie tust." Jesus antwortete: „Ich versichere dir: Nur wer von neuem geboren ist, wird Gottes neue
Welt zu sehen bekommen." „Wie kann ein erwachsener
Mensch noch einmal geboren werden?" fragte Nikodemus.
„Er kann doch nicht in den Leib seiner Mutter zurückkehren
und ein zweites Mal auf die Welt kommen!"
Jesus sagte: „Ich versichere dir: Nur wer von Wasser und
Geist geboren wird, kann in Gottes neue Welt hineinkommen. Was Menschen zur Welt bringen, ist und bleibt
menschlich. Geistliches aber kann nur vom Geist Gottes geboren werden. Wundere dich nicht, wenn ich dir sage: Ihr
müßt alle von neuem geboren werden. Der Wind weht, wo
es ihm gefällt. Du hörst ihn nur rauschen, aber du weißt nicht,
woher er kommt und wohin er geht. So ist es auch bei denen, die vom Geist geboren werden."
„Wie ist das möglich?" fragte Nikodemus.

Johannes 3,2–9

„Wir können nicht mehr miteinander sprechen", sagte Herr
K. zu einem Mann. „Warum?" fragte der erschrocken. „Ich
bringe in Ihrer Gegenwart nichts Vernünftiges hervor", be-
klagte sich Herr K. „Aber das macht mir doch nichts", trö-
stete ihn der andere. „Das glaube ich", sagte Herr K. erbit-
tert, „aber mir macht es etwas."

Bertolt Brecht

Ich hab doch nichts gesagt
sagst du
und du hast recht
kein Wort
hast du gesagt -
aber wie

Manfred Mai

No nia hat ma se so oft in Sitzungen auseinandergsetzt,
und no selten hat ma se so weng zsamgsetzt wia jetzt.
No nia sans in der Stadt aufananderruckt so eng,
und no nia san d'Menschen drin einsamer gwen.
No nia hat ma übers Zwischenmenschliche
diskutiert wia net gscheit,
und doch war der Abstand
oft nia größer wia heut.
Ob's da bei allem Gred in der Welt
net manchmal am Redn mitanander bloß fehlt?

Helmut Zöpfl

Ich möchte mit dir sprechen, jedoch weiß ich nicht, wie ich
dich anreden soll. Du bist ganz anders als das, was wir kennen. Kennen wir dich? Wir können dich nicht sehen und
nicht hören. Oft habe ich den Eindruck, ich rede nur für mich,
wenn ich versuche zu beten, weil ich keinen Erfolg verspüre.
Dennoch möchte ich mit dir sprechen.

Eine Frau klagt ihrem Pfarrer: „Vierzehn Jahre lang habe ich
fast ununterbrochen gebetet, doch nie habe ich ein Gefühl
von der Gegenwart Gottes gehabt." Da fragte er sie: „Haben
Sie ihm Gelegenheit gegeben, ein Wort einzuwerfen?"

Gemeinschaft

Jede menschliche Gemeinschaft gewinnt Bedeutung durch das, was einer im anderen sieht, benennt, erweckt.

Alexander Solschenizyn

Was wir gesehen und gehört haben, das verkündigen wir auch euch, damit auch ihr mit uns Gemeinschaft habt; und unsere Gemeinschaft ist mit dem Vater und mit seinem Sohn Jesus Christus. Wenn wir sagen, daß wir Gemeinschaft mit ihm haben, und wandeln in der Finsternis, so lügen wir und tun nicht die Wahrheit. Wenn wir aber im Licht wandeln, wie er im Licht ist, so haben wir Gemeinschaft untereinander, und das Blut Jesu, seines Sohnes, macht uns rein von aller Sünde.

1. Johannes 1,3.6.7

Als ich noch allein war,
ein Junggeselle mit einer eignen Bude war,
da war das Einsamsein sehr bequem,
meistens richtig angenehm.
Man konnte auch mal –
und es gab dann kein Geschrei –
auf dem Tisch auf den Händen stehn
oder zwei Tage im Bad sitzen,
das WC war immer frei.
Und wenn man mal weinen mußte,
war Gott sei Dank niemand dabei,
der sagte: „Ach Gott, was hast du denn?"
Einsam, zweisam, dreisam,
und am Ende dann allein.
Es hat doch auch was für sich,
ganz für sich zu sein.

Herman van Veen

Sie sitzen zu viert vor dem Fernseher.
Jeden Tag durchschnittlich viereinhalb Stunden.
Sie sehen sich nicht an.
Aber ihre Hände berühren sich
ab und zu
in einer Schale mit Nüssen.

Sigrid Kruse

Ich bin nicht gern ohne meinen Mann, ich vermisse ihn nach fünfzehn Jahren wie am ersten Tag. Allein zu leben, gefällt mir, ich gehe gern in meiner Wohnung umher, ich sehe auf den Hof oder hinüber zu den Pappeln, ich berausche mich an der Stille, ich drehe an dem Knopf, der mein Radio laut werden läßt, ich höre sogar die Reklamesendungen, ich höre sie, ich höre aber nicht zu. Ich brauche keine Ansprache, aber Stimmen, ich lasse die fremden Stimmen meine Wohnung erfüllen, ich kann besser arbeiten, es ist weniger kalt. Weil ich viele Freunde habe, halten mich die Menschen für eine gesellige Natur, in Wirklichkeit bin ich eine Eremitin.

Marie Luise Kaschnitz

In der Gemeinschaft kann ein Mensch erst richtig klar über sich werden und sich nicht mehr als den Riesen seiner Träume oder den Zwerg seiner Ängste sehen, sondern als Mensch, der – Teil eines Ganzen – zu ihrem Wohl seinen Beitrag leistet. In solchem Boden können wir Wurzeln schlagen und wachsen; nicht mehr allein – wie im Tod –, sondern lebendig als Mensch unter Menschen.

Richard Beauvais

Heiterkeit

Ernste Zeiten bedürfen der Heiterkeit.

Der alte Nathan erzählt seinem Freund Baruch über den Rabbiner lauter befremdende, wundersame Sachen. „Ob du es mir glaubst oder nicht: Unser Rabbi schließt sich in seiner Stube ein, er ißt nicht, er trinkt nicht, und die ganze Woche lang redet er mit Jahwe." „Aber Nathan, wer hat es dir gesagt?" „Der Rabbi selbst hat es mir erzählt." „Meinst du nicht, daß er lügt?" „Lügt? Glaubst du, daß Jahwe sich mit einem Lügner unterhalten würde?"

Erzählung der Chassidim

Ich hab meine besten Witze erzählt.
Mein Publikum blickt nur leicht gequält.
Doch Heiterkeit ohne Maß und Ziel
erregte ich, als ich vom Fahrrad fiel.

Michael Ende

Das Schönste im Elternleben sind die Gespräche mit anderen Eltern. Ich steuere an diesen Abenden gern die Geschichte von Max bei, der uns, als wir auf der Terrasse saßen und Kaffee tranken, mit kleinen Steinchen bewarf. Als ich ihm zurief, er solle endlich aufhören, flüsterte Anne ihrem Bruder so laut, daß wir es hören konnten, ins Ohr: „Mach ruhig weiter." Ich bekam einen Schreianfall, und als ich fertig war, sagte Anne: „Komm, Max, wir gehen hinters Haus und lachen."

Axel Hacke

Als sie gegessen hatten, fragten sie Abraham: „Wo ist deine Frau Sara?" „Drinnen im Zelt", erwiderte er. Da sagte der Herr: „Nächstes Jahr um diese Zeit komme ich wieder zu dir, dann wird deine Frau einen Sohn haben." Sara stand im Rücken Abrahams am Zelteingang und hörte es. Lautlos lachte sie in sich hinein. Abraham und Sara waren nämlich schon alt, und Sara wußte, daß sie keine Kinder mehr bekommen konnte. „Aus den Jahren bin ich heraus", dachte sie, „und mein Mann ist auch zu alt. Die Zeit der Liebe ist für uns vorbei." Da sagte der Herr zu Abraham: „Warum lacht Sara? Warum zweifelt sie daran, daß sie noch ein Kind bekommen wird? Für den Herrn ist nichts unmöglich! Nächstes Jahr um diese Zeit komme ich wieder, dann hat Sara einen Sohn."

1. Mose 18,9–14

Ich bin vergnügt, erlöst, befreit.
Gott nahm in seine Hände meine Zeit,
mein Fühlen, Denken, Hören, Sagen,
mein Triumphieren und Verzagen,
das Elend und die Zärtlichkeit.

Was macht, daß ich so fröhlich bin
in meinem kleinen Reich?
Ich sing und tanze her und hin
vom Kindbett bis zur Leich.

Was macht, daß ich so furchtlos bin
an vielen dunklen Tagen?
Es kommt ein Geist in meinen Sinn,
will mich durchs Leben tragen.

Was macht, daß ich so unbeschwert
und mich kein Trübsinn hält?
Weil mich mein Gott das Lachen lehrt
wohlüber alle Welt.

Hanns Dieter Hüsch

Leidenschaft

Die Vernunft erzählt Geschichten,
aber die Leidenschaft drängt zur Tat.

Heute,
am ersten Tag
meines restlichen Lebens,
erschreck' ich:
Was heckt wohl der Tod
still für mich aus?
„Laß uns bedenken, daß wir sterben müssen",
heißt's in der Bibel.
Daran freilich erinnern die Flucht der Zeit,
der Altersabbau, die Depressionen
mich ohnehin schon.
Warum, barmherziger Gott,
füllst du meine Gedanken und Sinne
nicht Tag für Tag mit leuchtender Gegenwart?
Nichts anderes aber erbitt' ich von Dir!
Und danach: nichts als Du.
Und danach: Du, mein Nichts,
offen für alles.

Kurt Marti

Ich kenne dich genau und weiß alles, was du tust. Du bist
weder kalt noch heiß. Ach, wärst du doch das eine oder das
andere! Aber du bist lau. Das ekelt mich an, und ich werde
dich ausspucken.

Offenbarung 3,15.16

Komm schon,
du bist doch sonst nicht so scheu!
Wonach du dich sehnst, sagt mir dein Blick,
den du verlegen senkst.
Tu nicht so eisern,
ich weiß, was du denkst.
Ich hab dich längst durchschaut.
Warum mußt du dich so kastein,
warum so standhaft sein?
Komm schon,
gib dem Verlangen doch nach!
Halb zog er sie und halb sank sie hin.
Was ist daran so schlimm?
Du spielst die Starke,
doch jeder sieht es dir
an deiner Nase an,
daß du am liebsten jetzt sofort
noch ein Stück Kuchen willst.

Rob Chrispijn

Wer nie jagte und nie liebte, nie den Duft der Blumen suchte
und nie beim Klang der Musik erbebte, ist kein Mensch, sondern ein Esel.

Arabisches Sprichwort

Wer ohne Leidenschaft lebt, lebt nicht;
wer sie immer meistert, lebt halb;
wer an ihr zugrunde geht, hat wenigstens gelebt;
wer sich ihrer erinnert, hat Zukunft.

Elias Canetti

Muße

Wer keine Muße kennt, lebt nicht.

Ruhig werden
ausspannen
den Atem spüren
hören
sehen
fühlen
an der Wärme der Sonne
beim Wandern durch die Natur
beim Liegen am See
den Gefühlen nachspüren
den Gedanken nachgehen
träumen können
Sehnsüchte spüren
Halt am Boden suchen
langsam in die Mitte gehen
Gott suchen
bei ihm verweilen
aus der Kraft der Mitte
im Leben sein
und handeln

Hans und Marie-Therese Kuhn-Schädler

Sechs Tage sollst du deine Arbeit tun, am siebenten Tage
aber sollst du feiern, damit dein Rind und dein Esel ruhen und
der Sohn deiner Sklavin und der Fremdling aufatmen können.

2. Mose 23,12

Hab die Welt verlassen,
hab den Globus geräumt,
hab mich abgemeldet für
heut.

Bin mal kurz ausgeflippt,
bin ohne Konflikte,
bin auf und davon nur
heut.

Hab Probleme begraben,
hab die Zukunft verdrängt,
bin allein mit dem Ich
heut.

Komme morgen zurück.
Bestimmt.

Heidi Coester

Mitten durchs Herz geht mein alter Vater.
Er sparte nicht, sammelte keine Krumen,
kaufte kein Häuschen, auch keine goldene Uhr.
Es kam nichts zusammen.
Er lebte wie ein Vogel, singend von Tag zu Tag.
Aber sagt, ob ein kleiner Beamter lange so leben kann?
Mitten durchs Herz geht mein Vater,
im alten Hut,
pfeift ein lustiges Lied
und glaubt daran,
er gehe in den Himmel.

Tadeusz Rózewicz

Himmel

Leg ein Ohr an den Erdboden,
dann ist das andere für den Himmel offen.

Der liebe Gott zum Beispiel,
ich weiß nicht, ob Sie das wissen,
soll übrigens ein hervorragender Akkordeonspieler sein,
in seiner Freizeit.
Er hat ja im Himmel schon seit langem,
allerdings nach heftigen Tarifkonflikten,
den 16-Stunden-Tag eingeführt.
Und in seiner Freizeit,
Verzeihung, in seiner sinnvollen Freizeit,
Freizeit ist ja nur sinnvoll,
wenn sie sinnvoll ist,
setzt sich der alte Herr vor seinen Himmel
und spielt einige Musette-Walzer.
Und wenn man so gegen 21.30 Uhr
mal ganz still ist und hinaufhorcht,
dann hört man's,
nicht jeden Abend, um Gottes willen,
aber wenn, dann klingt's nie laut oder derb,
sondern immer ganz hell und ganz leicht,
so gegen 21.30 Uhr.

Hanns Dieter Hüsch

Wir sind noch nicht im Festsaal angelangt, aber wir sind eingeladen. Wir sehen schon die Lichter und hören die Musik.

Ernesto Cardenal

Es gibt einen See in der Anderwelt,
drin sind alle Tränen vereint,
die irgend jemand hätt' weinen sollen
und hat sie nicht geweint.
Es gibt ein Tal in der Anderwelt,
da gehn die Gelächter um,
die irgend jemand hätt' lachen sollen
und blieb statt dessen stumm.
Und Blumen blühn in der Anderwelt,
die sind aus Liebe gemacht,
die wir uns hätten geben sollen
und haben's nicht vollbracht.
Und kommen wir einst in die Anderwelt,
viel Dunkles wird sonnenklar,
denn alles wartet dort auf uns,
was hier nicht möglich war.

Michael Ende

Je mehr einer für den Himmel begeistert ist, um so mehr muß er Hand anlegen, um hier auf der Erde Gerechtigkeit zu verwirklichen.

Johannes Paul I.

Unser Vater im Himmel!
Dein Name werde geheiligt.
Dein Reich komme.
Dein Wille geschehe wie im Himmel so auf Erden.
Unser tägliches Brot gib uns heute.
Und vergib uns unsere Schuld,
wie auch wir vergeben unsern Schuldigern.
Und führe uns nicht in Versuchung,
sondern erlöse uns von dem Bösen.
Denn dein ist das Reich und die Kraft
und die Herrlichkeit in Ewigkeit. Amen.

Matthäus 6,9–13

Dankbarkeit

Ein dankbares Wort gibt Wärme für drei Winter.

Aus Rußland

Wer sich zur Dankbarkeit verpflichten läßt,
der trägt eine Kette,
gegen die er sich früher oder später empören muß;
denn alle Liebe will Freiheit und Freudigkeit.
Eine Wohltat, sei sie noch so groß,
ist durch innere Abhängigkeit zu teuer bezahlt.

Isolde Kurz

Unter beten habe ich nie nur das Bitten verstanden, wenn ich
einmal unter Druck war, sondern mehr noch hat es mir wohl-
getan, im Beten auch danken zu können, wenn etwas gelungen war.

Georg Leber

Was mir gefällt auf dieser Welt,
lieber Gott, erhalte es mir.
Mit Vater Kuchen backen, mit Mutter Rätsel knacken,
Karussell fahren, Geheimnisse wahren,
Muscheln zählen, Farben wählen,
an Geschichten denken, das Fahrrad lenken,
beim Spiel verweilen, die Freude teilen.
Was mir gefällt auf dieser Welt,
lieber Gott, dafür danke ich dir.

Max Bolliger

Ich selber kann und mag nicht ruhn,
des großen Gottes großes Tun
erweckt mir alle Sinnen;
ich singe mit, wenn alles singt,
und lasse, was dem Höchsten klingt,
aus meinem Herzen rinnen.

Paul Gerhardt

Im April 1967 wurde in London die erste „Sterbeklinik" eröff-
net, das St. Christopher's Hospice. Dort habe ich eine Woche lang Schwerkranke gewaschen, habe Medikamente
ausgeteilt, Essen ausgegeben, Betten gemacht, Sterbenden die Hand gehalten.
An einem der Tage habe ich für Rebecca Wasser eingelas-
sen. Sie leidet an einer unheilbaren Gehirnkrankheit. Es ist
ein Wunder, daß sie noch lebt. Sie genießt es, gebadet zu
werden. Bevor ich sie dann anziehe, um sie in den Garten zu
fahren, muß ich sie schminken. Aus einem ärmlichen Kunst-
ledertäschchen krame ich ihre Kosmetikutensilien: die zer-
krümelten Lippenstiftproben, ein Kästchen mit Lidschatten.
Rebecca entscheidet sich für einen orangeroten Lippenstift
und blauen Lidschatten. „Thank you", sagt sie kaum hörbar,
als ich fertig bin. Es ist das meistgesprochene Wort in der
Sterbeklinik.

Nach Fee Zschocke

Das ist ein köstlich Ding, dem Herrn danken
und lobsingen deinem Namen, du Höchster,
des Morgens deine Gnade
und des Nachts deine Wahrheit verkündigen.

Psalm 92,2.3

Weisheit

Alle Weisheit dieser Welt läßt sich in zwei Zeilen sagen:
Was für dich getan wird – laß es zu.
Was du selbst tun mußt – sorge dafür, daß du es tust.

Weisheit der Sufis

Wer von euch meint, klug und weise zu sein, der soll das durch sein ganzes Leben zu erkennen geben, durch seine Freundlichkeit und Güte. Sie sind Kennzeichen der wahren Weisheit. Seid ihr aber voller Neid und Haß, dann braucht ihr euch auf eure angebliche Weisheit nichts einzubilden. In Wirklichkeit seid ihr dann Lügner und Betrüger. Eine solche Weisheit kann niemals von Gott kommen. Sie ist irdisch, ungeistlich, ja teuflisch. Wo Mißgunst und Streit herrschen, da gerät alles in Unordnung; da wird jeder Gemeinheit Tür und Tor geöffnet.
Die Weisheit aber, die von Gott kommt, ist lauter und rein. Sie sucht den Frieden. Sie ist freundlich, bereit, nachzugeben und läßt sich etwas sagen. Sie hat Mitleid mit anderen und bewirkt immer und überall Gutes.

Jakobus 3,13–17

Ich habe nichts gegen das Wissen, aber Weisheit ist mir lieber. Weisheit entspringt nicht so sehr dem Verstand wie dem Herzen.

Peter Rosegger

Es war einmal ein weiser, alter Mann, der hatte viel vom Leben gesehen und manch gute und hilfreiche Antwort gefunden, die er hätte weitergeben können. Es kamen auch Menschen zu ihm, um ihn wegen seines hohen Alters und seines ehrwürdigen Aussehens zu bestaunen. Sie stellten ihm viele Fragen, aber er konnte ihnen nicht antworten. Denn es war keine Frage darunter, die zu seinen Antworten paßte.

Was uns nottut,
sind nicht Wegweiser, sondern Weise am Wege.

Paul Müller

Mensch, steig nicht allzu hoch, bild dir nichts Übrigs ein!
Die schönste Weisheit ist, nicht gar zu weise sein.
Die Weisheit ist ein Quell. Je mehr man aus ihr trinkt,
je mehr und mächtiger sie wieder treibt und springt.
Der Weise fehlet nie, er trifft allzeit das Ziel,
er hat ein Augenmaß, das heißet: wie Gott will.

Angelus Silesius

Es waren einmal viele Tiere auf dem Weg zum Himmel. Ein
Weiser mit dem gleichen Ziel schloß sich ihnen an und fragte
sie nach ihrem Leben. Da zählte ein Fuchs seine Abenteuer
auf, ein Eichhörnchen berichtete von seinem beweglichen
Dasein, eine Schleie schwamm ihr Leben in großen Zügen
vor, ein Hahn tat sich wichtig mit seinen Pflichten, ein Regenwurm murmelte dunkle Dinge, und ein Floh wußte viel
Menschliches.
Als es aber an der Eidechse war zu reden, schwieg sie. Der
Weise wartete, die Eidechse schwieg, der Weise gab ihr
gute Worte, die Eidechse schwieg, der Weise bot seine
ganze Weisheit auf, die Eidechse schwieg noch immer.
Schließlich, als sie schon dem Himmel nahe waren, züngelte
sie ein bißchen, blinzelte einmal und sagte: „Ich habe mich
gesonnt."

Anerkennung

Toleranz ist gut, Anerkennung ist besser.

Ein Farbiger wünschte, in eine New Yorker Gemeinde aufgenommen zu werden. Der Pfarrer war reserviert. „Tja", sagte er, „da bin ich nicht sicher, ob es unseren Gemeindemitgliedern recht sein würde. Ich schlage vor, Sie gehen erst mal nach Hause und beten darüber und warten ab, was Ihnen der Allmächtige dazu zu sagen hat."
Einige Tage später kam der Farbige wieder. Er sagte: „Herr Pfarrer, ich habe Ihren Rat befolgt. Ich sprach mit dem Allmächtigen über die Sache, und er sagte zu mir: Bedenke, daß es sich um eine sehr exklusive Kirche handelt. Du wirst wahrscheinlich nicht hineinkommen. Ich selbst versuche das schon seit vielen Jahren, aber bis jetzt ist es mir noch nicht gelungen."

„Gott hat diesem Mann seinen Geist gegeben", sagte der Pharao. „Wir finden keinen, der es mit ihm aufnehmen kann." Zu Josef sagte er: „Gott hat dir dies alles enthüllt. Daran erkenne ich, daß keiner so klug und einsichtig ist wie du. Du sollst mein Stellvertreter sein, und mein ganzes Volk soll dir gehorchen. Nur die Königswürde will ich dir voraushaben. Ich gebe dir die Vollmacht über ganz Ägypten." Mit diesen Worten zog er seinen Siegelring vom Finger und steckte ihn Josef an. Dann ließ er ihn in feinstes Leinen kleiden und legte ihm eine goldene Halskette um.

1. Mose 41,38–42

„Mei Nadine konn mit ihre vier Jahr scho Zeitung lesn." „Mei Dominik konn mit seine fünf Jahr scho an Pythagoräischen Lehrsatz anwenden." „Unser Kai Amadeus hat mit sechs Jahr scho a Symphonie komponiert." „Mei Nicol arbat mit sieben Jahr scho an ihra Autobiographie: Ich war ein Wunderkind." „Des is ja alles gar nix: Unser Erich hat mit seine zehn Jahr a Puzzle innerhalb von oam oanzign Jahr fix und fertig zsammgsetzt, obwohl draufgstandn is: Für vier bis fünf Jahre."

Helmut Zöpfl

Einen Namen hat jede Frau und jeder Mann und
jedes Kind, jeder Arbeiter und Lehrling, jeder Mensch.
Nicht bloß Nummer! Unvertauschbar!
Nicht vom Fließband! Ganz einmalig.
Einen Namen hat er, weil er Mensch ist, gerufen von Gott.
Ansehen braucht jede Frau und jeder Mann und
jedes Kind, jeder Müllmann, jeder Zivi, jeder Mensch.
Nicht bloß Luft sein, übersehen,
nicht verachtet, keine Null sein!
Er braucht Ansehen, weil er Mensch ist,
weil Gott ihn anschaut wie mich.
Würde hat jede Frau, jeder Mann, jedes Kind,
jeder Ausländer und Kranke, jeder Mensch.
Nicht weil er jung ist oder tüchtig,
weil er Geld hat oder Titel.
Er hat Würde, weil er Mensch ist,
von Gott geschaffen wie ich.

Hermann Josef Coenen

Wer im Menschen das Gute nicht anerkennen will,
der kann auch Gott nicht anerkennen.

Johann Christoph Blumhardt

Barmherzigkeit

Seid so barmherzig wie euer Vater im Himmel.

Lukas 6,36

Im August des Jahres 1804 stand in der Stadt Anklam in Pommern ein reisender Handwerksbursche an einer Stubentür und bat um einen Zehrpfennig. Als sich niemand sehen ließ noch rührte, ging er leise hinein. Er erblickte eine arme und kranke Frau, die sagte, sie habe selber nichts. So ging er wieder hinaus.
Nach fünf Stunden kam er wieder. Die Frau rief ihm entgegen: „Mein Gott, ich kann euch ja nichts geben. Ich lebe selber von anderer Leute Barmherzigkeit!"
Da trat der Jüngling an den Tisch, legte aus seinen Taschen viel Brot darauf, das er unterdessen gesammelt hatte, und viele gesammelte Geldstücke. „Das ist für euch, arme kranke Frau", sagte er mit sanftem Lächeln, zog leise die Stubentür zu und ging wieder fort.

Johann Peter Hebel

Am Abend unseres Lebens wird es die Liebe sein, nach der wir beurteilt werden, die Liebe, die wir allmählich in uns haben wachsen und sich entfalten lassen, in Barmherzigkeit für jeden Menschen.

Frère Roger

Der barmherzige Samariter unterschreibt keine Resolution,
die weitergeleitet werden muß, er packt selbst an.

Julius Döpfner

Es ist sicher,
daß wir schneller fahren,
höher fliegen und weiter sehen können
als Menschen früherer Zeiten.

Es ist sicher,
daß wir mehr abrufbares Wissen
zur Verfügung haben
als jemals Menschen vor uns.

Es ist sicher,
daß Gott sein Wort noch niemals
zu einer besser genährten, gekleideten
und bessergestellten Gemeinde sprach.

Nicht sicher ist,
wie wir bestehen werden vor seinem Blick.
Vielleicht haben wir
mehr Barmherzigkeit nötig
als alle, die vor uns waren.

Lothar Zenetti

Der rettende Engel der Barmherzigkeit – vielleicht versteckt
er sich in einer Einladung ins Kino, in einem Brief oder in einer
simplen Tasse Tee.

Ida Friederike Görres

Fantasie

Fantasie ist die Mutter der Tugenden von morgen.

Dorothee Sölle

Meine Schwester und ich wohnen im selben Stadtteil. Und doch sahen wir uns selten. In ihren Briefen stellte meine Mutter immer die Frage: „Wann hast Du Deine Schwester zum letzten Mal gesehen?" Nachdem ich ihr zurückschreiben mußte: „Vor drei Monaten", entschied sich Mutter zu handeln. Und so bekam ich kurz danach seltsame Post.
Mutter schickte mir die Seiten eins und drei eines Briefs, der an uns beide gerichtet war. Da wußte ich: Meine Schwester hat die fehlenden Seiten zwei und vier. Seitdem bekommen wir monatlich je einen halben Brief. Und wir freuen uns jedesmal, bei dieser Gelegenheit einen gemeinsamen Abend zu verbringen.

Immer häufiger kam es vor, daß Kinder allerlei Spielzeug brachten, mit dem man nicht wirklich spielen konnte, zum Beispiel ein ferngesteuerter Tank, den man herumfahren lassen konnte. Oder ein Roboter, der mit glühenden Augen dahinwackelte. Vor allem waren diese Dinge so vollkommen bis in jede kleinste Einzelheit hinein, daß man sich dabei gar nichts mehr selber vorzustellen brauchte.
So saßen die Kinder oft stundenlang da und schauten gebannt und doch gelangweilt so einem Ding zu, das da herumschnurrte, dahinwackelte oder im Kreis sauste, aber es fiel ihnen nichts dazu ein.
Darum kehrten sie schließlich doch wieder zu ihren alten Spielen zurück, bei denen ihnen ein paar Schachteln, ein zerrissenes Tischtuch, ein Maulwurfshügel oder eine Handvoll Steinchen genügten. Dabei konnte man sich alles vorstellen.

Michael Ende

Eines Tages, als Jesus wieder lehrte, saßen unter den Zuhörern auch Pharisäer und Gesetzeslehrer. Und die Kraft des Herrn drängte ihn dazu, zu heilen. Da brachten einige Männer einen Gelähmten auf einer Tragbahre. Sie wollten ihn ins Haus bringen und vor Jesus hinlegen. Weil es ihnen aber wegen der vielen Leute nicht möglich war, ihn hineinzubringen, stiegen sie aufs Dach, deckten die Ziegel ab und ließen ihn auf seiner Tragbahre in die Mitte des Raumes hinunter, genau vor Jesus hin.

Lukas 5,17–19

Der alte Rabbi Jizchak war beim Talmudstudium unterbrochen worden. Während er sich wieder vor die Bücher setzt, tappt er nach der Brille, die nicht wie gewohnt im Buch liegt. Er überlegt: „Jeden Tag trag ich beim Lesen die Brille, und wenn ich aufhör, leg ich die Brille ins Buch. Wenn ich das täglich tu, hab ich's heute auch getan. Wenn ich es aber getan hab, muß die Brille drin liegen. Sie liegt nicht drin, das heißt: Die Brille ist weg.
Was heißt: Sie ist weg? Von allein kann sie doch nicht weg sein. Also muß sie jemand genommen haben, der eine Brille braucht. Einer, der eine Brille braucht, der hat doch eine Brille und braucht nicht meine Brille. Einer, der keine Brille braucht, der braucht meine Brille auch nicht. Also – kann sie keiner genommen haben.
Hat aber keiner die Brille genommen, so muß sie doch da sein! Seh ich doch, daß sie nicht da ist! Was heißt – ich seh? Sehen kann ich doch nur mit der Brille. Ohne Brille seh ich doch nicht. Wenn ich also seh, daß die Brille nicht da ist – muß ich die Brille noch tragen."
Er greift sich an die Nase – das Beweisstück ist da! Oh!

Erzählung der Chassidim

Ausdauer

Einmal mehr aufstehen als hinfallen.

Jesus zog mit seinen Jüngern in die Nähe der Hafenstadt Tyrus. Er wollte unerkannt bleiben, aber es sprach sich schnell herum, daß er gekommen war. Davon hatte auch eine Frau gehört, deren Tochter von einem bösen Geist beherrscht wurde. Sie kam zu Jesus, warf sich vor ihm nieder und bat ihn, ihr Kind aus der Gewalt der Dämonen zu befreien. Die Frau war keine Jüdin; sie wohnte in Phönizien. Jesus antwortete ihr: „Zuerst müssen die Kinder versorgt werden, das Volk Israel. Es ist nicht richtig, wenn man den Kindern das Brot wegnimmt und es den Hunden vorwirft." Darauf antwortete sie: „Ja, Herr, aber die kleinen Hunde bekommen doch auch die Krümel, die den Kindern vom Tisch fallen." „Du hast recht", antwortete Jesus, „ich will deiner Tochter helfen. Geh nach Hause! Der böse Geist hat dein Kind bereits verlassen."

Markus 7,24–29

Müde werden.
Die Last auf den Schultern
härter spüren. Wissen,
daß der Weg endlos ist.

Erkennen, daß nichts
dauert. Nicht warten mehr
auf das Wunder. Versunkene Schiffe
am Meeresgrund sehen. Ja sagen
zum Fallen des Laubs.

Wenig mehr verändern wollen.
Still werden. Sehnsucht empfinden
nach dem Vergessensein.
Dennoch
nicht schweigen, wo Unrecht ist.

Hanns Otto Münsterer

Als Kind wußte ich:
Jeder Schmetterling, den ich rette,
jede Schnecke und jede Spinne und jede Mücke,
jeder Ohrwurm und jeder Regenwurm
wird kommen und weinen, wenn ich begraben werde.
Einmal von mir gerettet, muß keines mehr sterben.
Alle werden sie kommen zu meinem Begräbnis.
Als ich dann groß wurde, erkannte ich:
Das ist Unsinn. Keines wird kommen.
Ich überlebe sie alle.
Jetzt im Alter frage ich:
Wenn ich sie aber rette bis ganz zuletzt,
kommen doch vielleicht zwei oder drei?

Erich Fried

Jeden Tag aufstehen,
auf eigenen Beinen stehen.
Jeden Tag im Leben stehen,
das Alte neu bestehen.
Jeden Tag andere ausstehen
und zu sich selbst stehen.
Jeden Tag verstehen,
daß Gott hinter allem steht.
Jeden Tag aufstehen
zu neuem Leben.
Jeden Tag
neu.

Petrus Ceelen

Alles ist schon gesagt. Alles ist wieder und wieder gesagt.
Dem, der neu hinzutritt, ist nichts gesagt.
Alles muß wieder gesagt werden.

Sibylle Luckenbach-Tenner

Umkehr

Wer will, daß die Welt bleibt, wie sie ist,
der will nicht, daß sie bleibt.

Erich Fried

Ist es vorstellbar, daß die Weißen, die Reichen und die Wissenden einmal lernen werden zuzuhören, auf die Stimme der anderen zu achten? Die Armen sind die Lehrer, ist ein Grundsatz der Theologie der Befreiung, den wir alle dringend brauchen.

Dorothee Sölle

Ich warte allein auf den Nachtexpreß.
Im richtigen Augenblick
will ich mich vor den Zug werfen.
Ohne Abschiedsbrief.
Die letzten Lichter gehen aus.
Der Zug hätte schon längst auf dem Bahnsteig
einfahren müssen.
Ich gehe zu den Fahrplänen.
Der Nachtexpreß fährt nur an Werktagen.
Heute ist Sonntag.
Ich gehe nach Hause.
Es brennt noch Licht.
Ich weiß, morgen ist ein neuer Tag.

Wolfgang Abendschön

Alle Umkehr und Erneuerung muß bei mir selbst anfangen.

Dietrich Bonhoeffer

Es ist kaum auszudenken, was es für die Menschheit, auch für die Menschen in unserem Land, bedeuten könnte, wenn die Christen die Probleme dieser Zeit mit neuen, offenen Augen anschauten und dann sagten: Im Namen Gottes: Wir gehen einen anderen, einen neuen Weg. Wir lassen unsere Gewohnheiten, unsere Ansprüche und unsere Gedankenlosigkeit hinter uns und gehen, ärmer, aber von Hoffnung getragen und vom Geist Gottes geführt, in eine offene Zukunft.

Jörg Zink

Kommt, wir gehen wieder zu dem Herrn!

Wenn er uns verletzt hat,

wird er uns auch wieder heilen.

Wenn er uns verwundet hat,

wird er die Wunden auch verbinden.

Zwei, drei Tage nur läßt er uns leiden;

aber dann gibt er uns neues Leben.

Kommt, wir wollen alles daran setzen,

ihn und seinen Willen zu erkennen!

So gewiß der Nacht ein Morgen folgt,

so gewiß der Regen fällt zu seiner Zeit,

Regen, der das dürre Land durchfeuchtet,

so gewiß kommt er, um uns zu helfen.

Hosea 6, 1–3

Quellenverzeichnis

Abendschön, Wolfgang: Einmal Himmel und zurück, calwer taschenbibliothek 32, Seite 109, Gedicht „Morgen ist ein neuer Tag", (c) Calwer Verlag, Stuttgart 1993   166

Albertz, Heinrich: Am Ende des Weges, (c) 1989 Kindler Verlag, München   48

Ausländer, Rose: Aschensommer, Deutsche Verlagsanstalt, Stuttgart 1978   48

Bachmann, Ingeborg: Werke I, (c) R. Piper & Co. Verlag, München 1978   27

Backhaus, Silvia, in: Der Mut hat eine Schwester, Trauern und Trösten, hg. v. Publik-Forum durch Th. Seiferich-Kreuzkamp, Christophorus-Verlag, Freiburg 1989   53

Barth, Karl: Eine Schweizer Stimme, 1938–1945, (c) Theologischer Verlag Zürich, 1985[3]   59

Barth, Friedrich K. / Horst, Peter: Uns allen blüht der Tod, Rechte bei den Autoren (05621/2556)   125

Barz, Ingo, in: Christine Müller (Hg.): Spuren und Wege, EVA, Berlin 1990 (gekürzt)   70

Berkensträter, Bert: Zungenschläge, Wolfgang Fietkau Verlag, Berlin   129

Besch, Lutz: „Frieden: Mehr als ein Wort", Gedichte und Geschichten, Rowohlt Verlag GmbH, Reinbek, rotfuchs 287   49

Bichsel, Peter: Kindergeschichten, (c) 1969, 1990 by Luchterhand Literaturverlag, München   106

Boesak, Allan A.: Gerechtigkeit erhöht ein Volk, Texte aus dem Widerstand, hg. u. übers. von Heinz Hermann Nordholt, Neukirchener Verlag, Neukirchen-Vluyn 1985   30

Böll, Heinrich: Der Engel schwieg, Verlag Kiepenheuer & Witsch, Köln 1992   111

Bolliger, Max, in: Das große Buch der Kindergebete, Verlag Herder, Freiburg/Basel/Wien 1989   154

Bonhoeffer, Dietrich: (c) Chr. Kaiser/Gütersloher Verlagshaus, Gütersloh   64, 106, 1

Brecht, Bertolt: Gesammelte Werke, (c) Suhrkamp Verlag, Frankfurt am Main 1967   14, 17, 98, 108, 127, 142

Camara, Helder: Stimme der stummen Welt, Pendo-Verlag, Zürich 1989   141

Canetti, Elias: Die Provinz des Menschen, Aufzeichnungen 1942–1972, Carl Hanser Verlag, München/Wien 1973   149

Ceelen, Petrus: Rechte beim Autor   165

Coenen, Hermann Josef: Und dennoch bleibe ich, Patmos Verlag, Düsseldorf 1993 (Willst du . . .: gekürzt)   138, 159

Coester, Heidi, in: Deutsche Lyrik der Gegenwart, 1989, ars nova, Zell a.H.   151

Dachsel, Joachim: Das Wort setzt über, Theologie für Mündige, EVA, Berlin 1986   30

Dirnbeck, Josef: In Gottes Ohr, Rechte beim Autor   101

dona nobis pacem, Fürbitten und Friedensgebete Herbst 1989 in Leipzig, EVA, Berlin 1990   51

Eich, Günter: Gesammelte Werke, Band I, (c) Suhrkamp Verlag, Frankfurt am Main 1973   113

„Ein Blinder und ein Lahmer. . .", in: A.L. Balling: Gott ans Herz gewachsen, Verlag Herder, Freiburg/Basel/Wien 1990   65

Ende, Michael, in: Der Trödelmarkt der Träume, (c) by K. Thienemanns Verlag, Stuttgart/Wien   78, 153

Ende, Michael: Das Schnurpsenbuch, (c) by K. Thienemanns Verlag, Stuttgart/Wien   146

Petuchowski, Jakob J.: Es lehrten unsere Meister, Verlag Herder, Freiburg/Basel/Wien 1989 — 120

Pfenninger, Oskar: Wie Scherben Glück bringen, Pendo-Verlag, Zürich 1990 — 59

Quoist, Michel: Im Herzen der Welt, Verlag Styria, Graz Wien Köln 1970 — 69

Rau, Ruth, in: Heinz-Günter Beutler: Gib mir dein Wort, Patmos Verlag, Düsseldorf 1986 — 65

Rezzori, Gregor von: Maghrebinische Geschichten, (c) 1953 by Rowohlt Verlag, Hamburg — 34

Rilke, Rainer Maria: Werke, Band 6, (c) Insel Verlag, Frankfurt am Main 1975 — 56

Roth, Eugen: Das große Eugen Roth Buch, Carl Hanser Verlag, München 1994 — 44, 75, 90, 96, 113, 123

Rotzetter, Anton: Gott, der mich atmen läßt, Gebete, Verlag Herder, Freiburg/Basel/Wien 1985 — 36

Rusterholz, Beat: Rechte beim Autor — 76

Saint-Exupéry, Antoine de: Der Kleine Prinz, Karl Rauch Verlag, Düsseldorf 1956 — 67

Saint-Exupéry, Antoine de: Romane und Dokumente, Karl Rauch Verlag, Düsseldorf 1966 — 83

Schneider, Reinhold: Gesammelte Werke, Band 5, (c) Insel Verlag, Frankfurt am Main 1981 — 120

Schnurre, Wolfdietrich: Ich frag ja bloß, Verlag Ullstein, Berlin — 138

Schütz, Gisela, in: Krenzer/Rogge, Kurze Geschichten 1, (c) Verlag Ernst Kaufmann, Lahr / Kösel Verlag, München — 70

Schwanecke, Friedrich: Rechte beim Autor — 34, 47

Seidel, Ina: Gedichte, Deutsche Verlagsanstalt, Stuttgart — 101

Smith, Nancy R., in: Bärbel Wartenberg-Potter / Sybille Fritsch-Oppermann: Die tägliche Erfindung der Zärtlichkeit (GTB 489), Gütersloher Verlagshaus, Gütersloh 1990[3] — 125

Sölle, Dorothee: Mutanfälle, Texte zum Umdenken, (c) Hoffmann und Campe Verlag, Hamburg 1994 — 166

Sölle, Dorothee: Die revolutionäre Geduld, Wolfgang Fietkau Verlag, Berlin 1974 — 68

Spangenberg, Peter: Rechte beim Autor — 43

Sprenger, Werner: Gedichte zum Auswendigleben, Nie/Nie/Sagen-Verlag, Konstanz 1995[9] — 139

Steffensky, Fulbert: Feier des Lebens, Spiritualität im Alltag, Kreuz Verlag, Stuttgart 1984 — 14, 35

Steffensky, Fulbert: Wo der Glaube wohnen kann, Kreuz Verlag, Stuttgart 1989 — 80

Stoll, Karl-Heinz, in: Inge + Theo Czernik: Mit dem Fingernagel in Beton gekratzt, Edition L, Loßburg — 79

Stromszky, Lisa: Lyrik heute, Edition L, Loßburg 1988 — 124

Taikon erzählt Zigeunermärchen, aufgezeichnet nach Carl H. Tillhagen, (c) 1948 Artemis Verlags AG, Zürich — 37

Teresa, Mutter: Mutter Teresa von Kalkutta, Geistliche Texte, Matthias-Grünewald-Verlag, Mainz 1985[5] — 107

Teresa, Mutter: Worte der Liebe, Verlag Herder, Freiburg/Basel/Wien 1977 — 21

Tucholsky, Kurt: Gesammelte Werke, (c) 1960 by Rowohlt Verlag, Reinbek — 54, 94, 132

Veen, Herman van: Harlekijn Holland B.V. — 133

Wegner, Bettina: Rechte bei der Autorin — 83, 131

Weigel, Hans: Man darf schon, Verlag Styria Graz Wien Köln 1987 — 28, 97

Wiemer, Rudolf Otto: Chance der Bärenraupe, Verlag Kerle, Freiburg 1982[2], Rechte beim Autor — 18

Wir sind bemüht, jeweils die genaue Textquelle anzugeben. Leider ist das nicht in allen
Fällen möglich gewesen. Für Hinweise sind wir dankbar.

Bibeltexte

Lutherbibel, revidierter Text 1984, mit Genehmigung der
Deutschen Bibelgesellschaft, Stuttgart

25, 31, 36,
39, 42, 49,
60, 67, 80,
82, 88, 91,
95, 100, 106,
119, 121,
144, 153,
155

Einheitsübersetzung der Heiligen Schrift, (c) Katholische Bi-
belanstalt, Stuttgart 1980

14, 32, 42,
54, 58, 68,
71, 75, 87,
102, 111,
112, 135, 163

Hoffnung für alle, Brunnen-Verlag, Basel und Gießen 1991,
Abdruck mit freundlicher Erlaubnis

11, 20, 45,
53, 57, 64,
76, 85, 92,
96, 109, 117,
122, 128,
139, 148,
156, 160, 164

Die Bibel in heutigem Deutsch, Die gute Nachricht des Alten
und Neuen Testaments, (c) Deutsche Bibelgesellschaft,
Stuttgart 1982

16, 23, 27,
28, 47, 51,
63, 79, 94,
99, 114, 125,
142, 147,
158, 167

Die Heilige Schrift des Alten und Neuen Testaments, 1931/
1955, (c) Genossenschaft Verlag der Zürcher Bibel

150

Jens, Walter: am anfang der stall am ende der galgen, jesus
von nazareth, Kreuz Verlag, Stuttgart 1972

13, 19, 127,
141

Zink, Jörg: Das Alte Testament, Kreuz Verlag, Stuttgart 1966

132

Zink, Jörg: Er wird meine Stimme hören, Psalmen des Alten
und Neuen Testaments, Kreuz Verlag, Stuttgart 1967

130

Wilckens, Ulrich: Das Neue Testament, Gütersloher Verlagshaus, Gütersloh, 1991[8]

35

Biblische Bücher und Eigennamen nach: Ökumenisches Verzeichnis der bibli-
schen Eigennamen nach den Loccumer Richtlinien, Stuttgart 1981/2

Verzeichnis der Bibelstellen

Mitarbeiterinnen und Mitarbeiter

An der Redaktion der Hefte
Für jeden neuen Tag 19–23 (1990–1994)
haben mitgearbeitet:

Gabriele Bienroth, Eckernförde

Paul Müller, Stuttgart

Martin Kallies, Lübeck

Christine Müller, Berlin

Wolfgang Musahl, Gifhorn

Renate Spennhoff, Stuttgart

Rose Volz-Schmidt, Hamburg

Waldemar Wolf, Stuttgart

In derselben Reihe sind erschienen:

Joachim Feige/Renate Spennhoff (Herausgeber)

JA zu jedem Tag

176 Seiten, kartoniert, Bestell-Nr. 154 885

Joachim Feige/Renate Spennhoff (Herausgeber)

Wege entdecken

176 Seiten, kartoniert, Bestell-Nr. 808 844

Wolfhart Koeppen/Renate Spennhoff (Herausgeber)

Einblicke – Ausblicke

176 Seiten, kartoniert, Bestell-Nr. 808 913

Wolfhart Koeppen/Renate Spennhoff/Waldemar Wolf
(Herausgeber)

Spuren des Lebens

176 Seiten, kartoniert, Bestell-Nr. 154 884

Zitate, Gedichte, Gebete und Betrachtungen laden zum
Innehalten ein, zum „Luftholen" und Nachdenken – in vielen
Situationen des Lebens.
Die Texte wollen Mut machen, Trost geben, Einblicke
schenken, Ausblicke eröffnen und Wege neu entdecken
lassen.

Die Bücher können in vielen Lebens- und Arbeitsbezügen
verwendet werden: zur Vorbereitung von Andachten,
Gottesdiensten und thematischen Bibelarbeiten oder für
Gespräche in Hauskreisen.
Besonders beliebt sind die Bücher als Geschenk im
Besuchsdienst, im Krankenhaus, im Kurbetrieb und nicht
zuletzt in der Freizeit- und Urlauberseelsorge.

Aussaat Verlag, Neukirchen-Vluyn
Verlag Katholisches Bibelwerk GmbH, Stuttgart